〝謎の老師〟が教える
身体の基準の創り方

揺《よう》腕《わん》法《ほう》

刀禅創始者 小用茂夫 著

日貿出版社

はじめに

この本で紹介している揺腕《ようわん》（YOWAN）は、私が長い間実践、研究をしている武術をもとに創始した「ボディワーク 刀禅《とうぜん》」から、特に効果が高く簡単に行えるものを抜き出したものです。実際に試していただければわかりますが、基本的には椅子に座って「腕を振るだけ」といったとてもシンプルなものです。

ですがこのシンプルな運動のなかに、肩こりや腰痛解消はもちろん、スポーツや武術修行、そして日常生活にも大事な「基準性」が詰まっています。

ここで私がいっている「基準性」とは、次の2つの要素です。

1　垂直性　地面に対して真っ直ぐ立っているか・座っているか

2　水平性　肩や腰などが水平であるか

どちらも普段あまり意識することはないでしょう。歩く時にいちいち「いま自分はちゃんと垂直に立っているのかな？」とか「肩腰は水平かな？」などと考える人はあまりおられないと思います。それは私たちの身体がとても良くできていて、普段は特に「基準性」を考える必要もなく、多少偏っていたりバランスが崩れていたりしても自動的に調整してくれているからです。また道路や建物といった生活環境自体がとてもよく整備されているおかげもあるでしょう。

これはもちろん素晴らしいことなのですが、時が経つにつれ身体の不具合として現れることも少なくありません。わかりやすいのが肩こりや腰痛ですね。それまでオートマチックで働いてくれていた身体の調整システムがだんだん働かなくなって、身体のあちこちがギシギシと音を立ててくるわけです。車で例えればサスペンションが劣化して、それまで吸収してくれていた道路やエンジンの振動が直接伝わってくるような感じでしょうか。また武術やスポーツをされている方であれば、それまで考えるまでもなくできていたことにズレを感じたり、簡単に避けられていたものに当たってしまったりといったことかもしれません。

身体からすれば「もうちょっと自分でどうにかしてくれ！」といったところで、これまで丸投げにしていた色々な調整を自分で行う必要があるわけです。

そこで大事になるのが**「垂直性」**や**「水平性」といった基準性を身体に持つことな**のです。

「身体に基準性を持つってなんだろう？」と思われる人もいらっしゃるでしょう。「なんだか難しそうだな」と思った人もいるかもしれません。

でも心配はありません。最初に書いた通り、やることは「腕を振るだけ」です。理由は、私たちの身体はもともと「楽になること」「整うこと」を知っているからです。そしてそれは、この地球のどこに行っても共通する、基準性があるからなのです。

この本では、「腕を振る」というとてもシンプルなことで、私たちの多くが見失っている基準性を見つける方法をご紹介したいと思います。

まずは、実際に揺腕を体験されている方の声からお読みいただけるとイメージがしやすいかもしれません。

私の「揺腕法」体験記

ここでは実際に揺腕法を体験した方の声を集めました。

「歩くのが楽しくなる」

揺腕は、基準がシンプルだからこそ、「シンプルな動きを邪魔する身体の癖」を半ば強制的に自覚させてくれるのが面白いところです。この手の癖はあらゆる動きに無意識に影響するようで、自覚できると普段の動きの意識が変わります。私の場合、単純に歩くことが楽しくなりました。また、ひとつの癖が見つかると、それを起点にさらに根深い癖が見つかる探究性も魅力です。同好会でも、皆の歩や姿勢の質が目に見えて上がっています。

（50代 男性）

「視力が回復しました」

私が揺腕を始めたのは、左眼視野の半盲、両目矯正視力が0・3まで落ちた頃で、駅の階段の昇降が不便になっていました。座位からシンプルで優しい動きの揺腕を始めてみると、緊張して動かない自分の腕や指、眼に気づかされました。

小用先生の指導される立体的な基準性に沿わせるように静かに動かし続けると、硬直していた部分が流れて動き始め、心身が整うとはこのような感覚かもしれないと思うようになりました。お蔭さまで、眼は、階段の昇降が楽にできるまでに回復しました。

（40代 女性）

「今後の変化が楽しみです」

右首肩が硬くストレッチや体操を長年続けていました。揺腕法を学ばせていただいて、初めは気になっていた筋肉に響いて腕が揺れる度に肩関節の深部がゴリゴリ鳴っていました。続けているうちに首肩周りの筋肉が解れていき右首肩の動きが軽くなりました。以前より居合いの刃筋が綺麗になり、技も掛けやすく腰が落ちて体捌きも安定しました。揺腕法を教わって現在約3ヶ月経ちましたが今後どれだけ身体が変化するのか楽しみです。

（40歳 男性）

「無意識運動が気持ち良い」

揺腕法を習った当初は腕を一生懸命振っていたのですが、ある時、なにもしなくても、そもそも腕は動いており不動ということは不自然だと気づきました。少しの揺れを大切にしてそれをだんだんと大きくしていくと、解剖学的にどの筋肉が動いているか、なども一切考えずに、なんとなくそう思っているだけで小笏《こしゃく》が動いてきます。

竹尺を振るだけで気功の自発動功に似たような無意識レベルの運動が簡単に誘導できて気持ちが良いです。（50代 男性）

「刀法の精髄が追体験できる」

剣術を稽古しているのですが、手、腕で修正するのではなく身体で修正するべき、正中線だ、と言われても実のところどうやって修正すればよいか分からず困っていました。ところが一見、前後に小笏を振っているだけの揺腕法は動作が単純であるがゆえに高度な内容に自覚的に取り組むことができます。

揺腕法は、健康法に留まらず刀法の精髄を平場におろして誰でも剣術の極意状態を追体験できるメソッドだと思います。（50代 男性）

「足裏の使い方が変わった」

コロナ禍の運動不足が気になり、早朝1時間散歩を日課とするようになりました。そんななか、小用先生から揺腕を教えていただき、最もコンパクトなお道具であるアイス棒を散歩に持ち歩くようになりました。すぐに変化は訪れ、早朝のギシギシした身体がスムーズに動くようになりました。改めて要因を探ると、足裏の使い方が変わり、外側重心によって長年抱えていた股関節の負担が軽減したようです。私の感触では、歩きながらの揺腕の方が日常的な身体の変化が大きいように感じています。（60歳 女性）

「パンチの威力が変わった」

揺腕で大分動きが変わりました。特に趣味でやっているボクシングでここまで変わるとは思いませんでした。顕著に変わったのがパンチの威力です。それまでは平たい放物線を描くような軌道のパンチが水平の軌道になり、より強いパンチを打つことができるようになりました。それに伴い、フットワークの動きも変わった気がします。どこかぎこちなくタイムラグのある動きから無駄の無い動きになったとマススパーで特に実感しています。（30代　男性）

「シンプルだけど奥が深い」

私は30年ほどダンスと花を活ける仕事をしてまいりました。数年前に揺腕法に出会い、いかに自分が腕本来の重さを自覚せずに使いっぱなしにしてきたかを痛感いたしました。

揺腕法は一見易しそうに見えますが、シンプルなだけにとても奥が深く、そうそう簡単に習得できるものではないと感じております。今回こうした本が出版されたことで、私のような慣れていない者にも道案内していただけるものと、大変に楽しみにしております。（40代　女性）

「母の腕が上がった！」

これは私の母（83歳）に起こった奇跡です。コロナワクチン接種後、接種した左腕が肩より上に自力で上がらなくなりました。ちょうどその頃揺腕にはまっていた私は、すぐさま母に揺腕を教え、毎日やるようにお願いしました。1ヶ月ぐらいして、母の腕が完治しており、母も病院に行かないで助かったと喜んでおりました。私自身は、自律神経を整えるためにやっております。（50代　男性）

「身体から湧き上がる高揚感」

長年武術の稽古を続けている私だが、60代半ばを過ぎ身体も少々ガタがきていた。揺腕法を始めたのはそんな頃。初めはそのシンプルさ故に戸惑った。しかし、この律動を繰り返していくうちになんだか愉快な気分になってきた。身体の奥から生じてくる躍動感、動く愉しさが静かな高揚となって現れる感じ。厳密な基準に沿って自制的に身体を動かすことが却って自由・自在感を身に宿すとは不思議である。妙味である。（60代 男性）

「ストレスに強くなりました」

犬が死んだ際に急に膝の痛みが出ました。病院では膝変形関節症との診断でした。揺腕のワークを続けていたところ、いつの間にか膝の痛みは無くなりました。その後、人生における最大のストレスとも言われる肉親の死も経験しましたが、ストレス耐性が強くなっていると実感しています。簡単な所作だけを繰り返し毎日、あるいはできる時に行うだけで、心身の機能が向上できるものであると感じています。（60代 女性）

「悪い所を解いてくれる」

簡単明瞭ながら、どのようなことにもどのような状態でも良い効果を導いてくれるように感じます。身体を穏やかに整えてくれるため、良い所の調子を上げてくれ、悪い所の強ばりや痛みをほどいてくれます。胸郭出口症候群で腕から背中を痛めた時、最も回復の力となりました。揺らすのは腕ですが揺れるのは全身。状況が悪いほど悪条件に浸透し、快癒を穏やかに進めてくれました。（40代 男性）

「ぶつかり男を撃退⁉」

繁華街でぶつかり男に遭遇、気づいた時には右肩に思いきりぶつかられました。相手は背が高く、普通なら後ろにふっとばされるはずが、衝撃を右から左の踵で受けたと思ったら身体は揺れてもとに戻りました。思わず「痛いっ！」と言ったのですが実はぜんぜん痛くなかったです。勢いや重さを身体が撓《たわ》むことで吸収したように思います。運動が苦手な私でもダメージが軽くすんだのは、お稽古のおかげに他なりません。（60代 女性）

「頭の疲れがとれる」

〝腕振り運動なんてわざわざ教わる程のものじゃない……〟と思っていましたが、掌のなかの基準、腕のなかの基準、腕と体幹の基準、定規と床の基準、という4種のフィルターをかけた揺らしは、単なるブラブラ運動による身体のほぐれ感とは全く違うリフレッシュ感があり、運動した後なのに、ぐっすり眠った後のように頭の疲れがとれるのが不思議です。（50代 女性）

「大きな渦」

動きが、渦だとする。自分の身体で渦を創りだせない段階がある。動きが、渦だとする。自分の身体で渦を創りだしている。でも、その渦に巻きこまれて、自分で創りだした渦に振り回されている段階がある。動きが、渦だとする。自分が渦を生みだしている。それなのに自分は静かな場所に佇んでいる。静かな自分の周りで、大きなうねりが起きている。そんな段階があるらしい。私は最初の段階にいる人間だけど、昨日揺腕のお稽古で、先生や先輩方が創りだす大きな渦のなか、その世界を垣間見た。（30代 女性）

「小笏が基準を教えてくれる」

揺腕法の凄いところは刀禅で主張される基準を可視化したことです。両脇にある小笏《こしゃく》を振るだけで垂直、水平が理解できます。垂直、水平の基準が大切だと言われても実際に自分が基準に沿っているか否かリアルタイムに知ることは難しいです。小笏が公理に沿った身体か否か教えてくれます。（40代 男性）

「滑らかな身体は心地良い」

揺腕法を実践してすぐに身体が研がれ滑らかなるものへと変容することに気が付きます。そこに「普遍的な基準」があるからでしょう。普遍的な基準は、以前は観ることもなく知りもしなかった感覚に光をあてる照光器として働いてくれます。そしてまた普遍的な基準に則ること自体に価値があることに気が付きます。滑らかな身体はとても心地良い。ポジティブなモノへと変わりたいと願うすべての人におすすめします。（40代 男性）

「五十肩が良くなった」

夏の間、暑い日が続き、湯船に浸からずシャワーのみだったせいか、五十肩になってしまいました。夜分に寝ていても痛みが酷く、10分も寝ていられない状態が続きました。

揺腕だけではないですが、小用先生のセミナーの練功を続けたところ、物凄く良くなりました。日常では痛みを感じなくなりました。また、寝ている状態でも小刻みに腕を動かすと良いと聞き、行った所、効果は抜群でした。まだ完治はしていませんが、ゆっくり練功して直していきたいと思っています。（50代 男性）

「農作業にも効果ありです」

揺腕を始めてから、農作業で葱畑に手で肥料を手で撒く作業の効率が格段に上がりました。それまでは葱の列の間を通りながら、肥料を片手ずつ左右交互に撒いていたのですが、揺腕で養った左右の面性を意識して行うと、左右の手で同時に蒔けるので、作業時間が半分になりました。また、腕の振りも安定して、正確に葱の真上に真っ直ぐ肥料を撒けます。お陰でいい農作業兼稽古を行えているのではと個人的に思っております。（40代 男性）

「基準が身体に刻まれていく」

以前、縦振りの甩手《スワイショウ》※がよろずに効くと聞いて、日に千回単位で実践していたことがあった。遣り方に問題があったのか、その時はあまり変化を感じられなかった。揺腕は甩手に似た動作ではあるが、段階に応じて基準が設けてあり、その基準に沿って行えば行うほど、逆に基準が身体に刻まれていく感がある。更に複数人で行う練行では通常の武術の稽古ではなかなか到達しえない微妙な感覚を味わうことができるなど、一見単純な動作に奥深い広がりを持たせる妙法である。（60代 男性）

「短時間でも緊張がほぐれる」

揺腕を行って良かったことの一つに、身体の痛みが軽減されたことがあります。揺腕を教わるまでの数年間、腰を中心にあまり良くない状態が続いていました。ストレッチなども行い一定の効果はもちろんあるのですが、痛みで余計に力んでしまう傾向がありました。揺腕は基準を明確にする作業のなかで、身体の傾きや歪みを自覚しやすく、同時に動作自体はリラックスを促してくれるため、気持ち良く行ううちに、身体も少しずつ整ってきたようで辛さが軽減されました。短時間でも身体の緊張がほぐれるのを実感します。（40代 男性）

「真人に近づく道」

「真人は踵で息をする」とは『荘子』の言葉。人は疲れると肩で息をしてしまう。踵まで全身隅々を動かして息をすることが健康になる秘訣ということだ。気功では器用な手の動きを利用して身体感覚を導く。揺腕法は、ばらばらの紙の束をトントンとならすように、手の指先まで整えていく。その感覚を少しずつ伸ばしていって足の裏まで届かせると、身体のなかが一つに繋がって呼吸が深くなる時がある。真人に少し近づけたのかもしれない。（50代 男性）

※スワイショウ　腕を振る中国の健康法。

目次

本書の動画について

本書では、より読者の理解を助けるために、携帯電話、スマートフォンなどで再生できるQRコードを掲載しています。動画はすべてYouTube（http://www.youtube.com）の動画配信サービスを利用して行われています。視聴については著作権者・出版社・YouTubeの規定の変更などにより、予告なく中止になることがあることを予めご了承ください。

※QRコードは（株）デンソーウェーブの登録商標です。

第一章 身体の基準性の発見

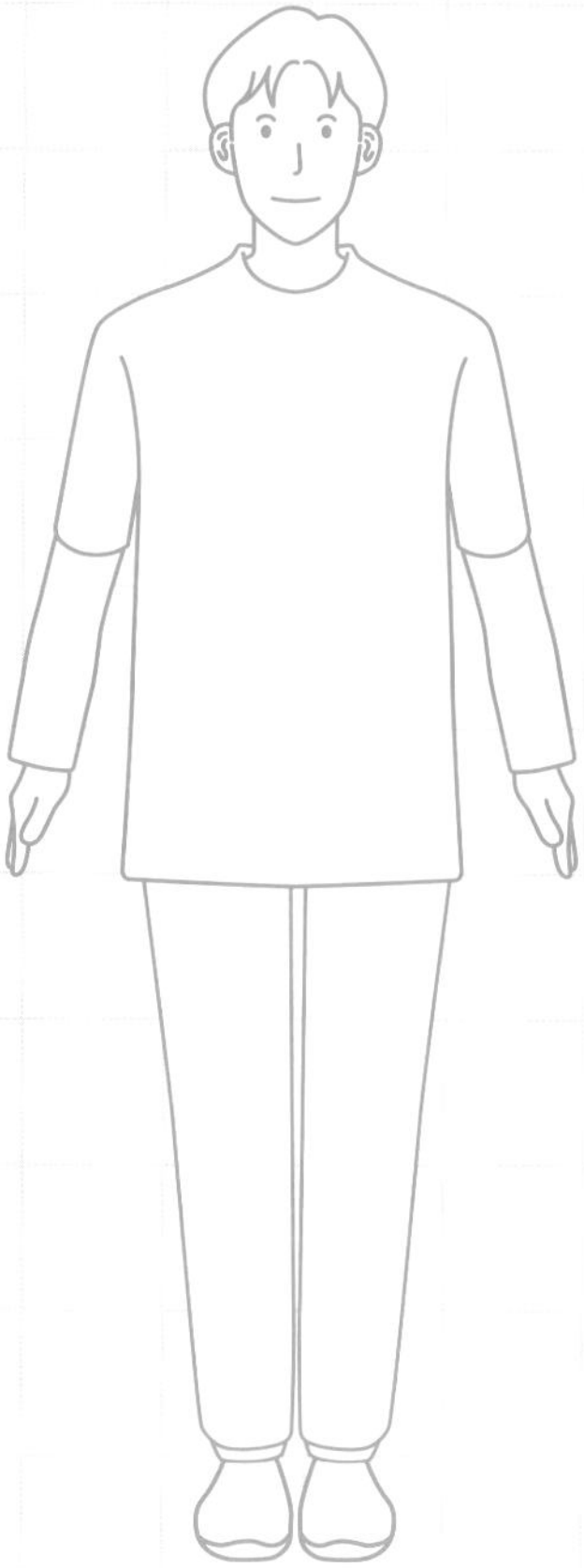

細かな説明に入る前に、少し著者である私自身を含めて、揺腕が生まれるまでの経緯について書いておきたいと思います。そもそも「謎の老師」なんて、なんだか怪しいですよね（笑）。

私の武術修行と挫折

私は子供の頃から武術が好きで、中学生で習い始めた空手を皮切りに日本武術から中国拳法まで、様々な武術を学んできました。どれも自分なりに一生懸命やってきたのですが、あるところまできたところで、

「果たして自分は武術を学ぶに足る前提が備わっているのか？」

という根本的な疑問にぶつかりました。

武術を家に例えてみましょう。家を建てるには、まずしっかりした土地や基礎といった土台が必要です。どんなに外観を豪華にしてハイテク技術を駆使しても、そもそもの土台が傾いていては、快適に暮らすことはできません。同じように武術も、どれ

武術に限らず、なにかを学ぶためには、
まず堅牢な土台（身体）が必要です。

ほどその流儀の形や技術が優れていても、それを〝**学ぶ側に前提となる身体が備わっていなければ駄目なのではないか？**〟ということです。

こうした思いを感じるきっかけになったのは、中国拳法のT先生との出会いでした。

T先生は形《けい》意《い》拳《けん》という中国拳法の名人と呼べる方で、当時まだ20代後半だった私は「なんとかこれをものにしたい！」と思い、指導を受けていました。先生も私のそうした熱意に応えてくださり、自分の持っている技術を伝えようと一生懸命教えてくれました。

ところが、指導が進むほどに感じられたのは、先生と自分の違いでした。

もちろん先生と生徒で違いや差があるのは当

然です。ですがいくらやっても、いえ、やればやるほど〝続けていれば、いずれ先生に近づける〟という実感がなく、そもそも走っているレールが先生と私とでは違うように感じられたのです。それでも稽古は続けていましたが、その違いは套路《とうろ》（中国拳法では形のことを套路といいます）や動き方を覚えて、ある程度、真似ができるようになると、より一層明確になりました。足先の方向や肘や指先、頭の高さ、顔の向きなど、個々のパーツを見れば、教えられた通りにやっているはずなのですが、出来上がってくるのは先生とはまったく違うもの、似ても似つかないものなのです。形意拳はとてもシンプルな拳法なのですが、その分、誤魔化しがきかず、違いは歴然でした。

教えている先生も私がなぜうまくできないかがわからず、「どうしてこうなるんだろう？」という表情をされていたのをよく覚えています。幼少の頃から武術を当たり前のように学んでいた先生にとっては、私がどこに苦しんでいるのか、なにが足りていないのかがわからなかったのでしょう。それは自転車に乗れる人が、乗れない人の気持ちがわからないのに近いものかもしれません。乗れる人は「どうやって乗るかって？　う～ん、バランスをとりながらペダルを漕いでいれば、自然と進むよ」なんて言いますが、乗れない人にとっては「それができないから困っているんだよ！」となるわけです。そこで乗れる人は「ハンドルをしっかり握って、まっすぐ！」「倒れないようにペダルを漕ぎ続けて！」「顔を上げて遠くを見て！」などといったアドバイスをするわけですが、乗れない人は言われれば言われるほどさらに混乱します。

私の稽古も、回数を重ねれば重ねるほど「なにか、根本的なところが違う」ということだけがわかるだけで、いくら懇切丁寧な指導を受けても、一向に先生に近づく気がしませんでした。それどころか、

「このまま自分の人生、一生をかけても先生の境地には到達できない」

という苦い確信が積み重なるばかりです。それは単にT先生個人に近づけないということだけではなく、武術で一番大事な根本部分に近づけない、たどり着けないという、本質的なものでした。

そのうちに先生のお仕事が忙しくなったこともあり、その稽古会は自然に消滅しました。本当に人柄も素晴らしく実力のある先生でしたので、残念に思いつつも、どこかでホッとしていたと思います。

その一方で、それなりの年月と熱意を費やしてきた挙げ句にわかったことが、

「自分にはそもそも武術を学ぶ素質がないのだ」

であったことはとてもショックでした。一時期はあまりの絶望感と挫折感から武術を学ぶこと自体を諦めようかとも思いました。ですがやはり想いは断ち難く、「なにかヒントがあるのでは？」と、その後も合気柔術や中国拳法などを学びました。

そうした流派にはそれぞれに良さや学びがあり、なにより共に学ぶ同好の士との肝《かん》稽古《げいこ》（肝臓の稽古、要するにお酒ですね（笑））を含む交流は大変楽しく、なにものにも代えがたいものがありました。

それでも私の心のなかには、T先生のもとで感じた「根本的に自分に足りていないもの」への葛藤があり続けました。

いえ、むしろ時が経ち所属している団体で後輩への指導を任されたりするようになると、さらに葛藤は深まりました。「なぜうまく動きを伝えられないのだろう？」「どうしてこちらが教えていることをわかってくれないのだろう？」ともどかしく、さらに自分自身を含めて、私たちの多くに足りていない「なにか」をより強く、切実に感じました。

〝「なにか」とは結局のところ「才能」や「センス」なのか？　もしそうであるのなら、学ぶこと自体が無駄なのではないか？〟

そもそも武術とは生き残るための技術です。いまでこそ趣味や余暇、健康増進などを目的に武術を学ぶ人が多いのですが、本来は選ばれた人たちが、生きるためにそれこそ鎬を削るなかで体得してきたものです。つまり、前提としてセンスがある一握りの人間が学ぶものであるともいえます。

その上で道場を見渡してみると本当に稀にですが、確かにそうしたセンスを感じさせる人がいます。私がずいぶん苦労してできるようになった動きをほんの数回でできてしまい、思わず「どうしてできるの？」と訊ねると、聞かれた当人は、こちらが何に驚いているのかがわからず、「え、普通にやっているだけなんですけど」なんて答えられて、（う〜ん、やっぱりセンスなのかなぁ）と唸ったりすることがあります。また、小柄で腕力もないのにパッと相手に自分の力を伝えてコントロールするのが上手な人や、大柄なのにとても繊細な感覚を持っている人など、時折、ハッとするような人もいます。そう考えると、やはりセンスはとても重要な要素だと思えます。

しかし、全てが「センスの問題」となってしまうのは、なんとも夢も希望もないお話です。さらにもともと運動神経が並以下の私にはいよいよ絶望的です。そう考えるとやりきれなくなり、30〜40代の頃は、

「てやんでぇい、やっていられるか！」

と、道場で稽古をする時間よりも、肝稽古に勤しむ時間が長くなりました。この頃の私を知る人には、「どうしてあれで勤め人ができているのか不思議だ」とよく言われたものです。もっとも飲んでいるのはいまも変わらないのですが（笑）。

ただその一方で、やはり完全に武術への興味を捨てることはできず、肝稽古に励みつつも、足りない「なにか」についてはずっと思索を巡らせていました。

答えへの糸口

おぼろげながらその答えが見えてきたのは40代近くになってからです。

改めて武術流派を見直せば、それぞれに流儀を伝えるための伝承、形や要訣を記した目録（いわゆる巻物など）や詩、口伝などがあります。そうしたものが残されている理由は、やはり子々孫々（一子相伝という意味ではなく）に流儀を続かせるためであったからでしょう。その過程を考えれば、確かに個人のセンスは重要でしょうが、名人の子が必ず名人であるわけではありませんし、またセンスがあっても早死してしまう人もいるでしょう。江戸の徳川将軍家ですら後継者問題に苦労したことを考えれば、武術流派の継承はなお大変だったはずです。それぞれの時代で大変な苦労をしつつ先人の教えを守り、伝える必要があったわけです。

つまり今日我々が目にする形（套路）は、それぞれに流儀を伝えようとした先人の知恵が詰まった、今日的にいえば「マニュアル」にあたるわけです。そう考えればそこには、センスの違いこそあれど、ある程度は誰が行ってもその流派の本質が掴める、再現性が担保されているはずです。

そうした目で自分が学んできた武術の形（套路）や動きを見直してみると、改めてそこに含まれている要素の多さに気がつきました。

形は要素の塊

剣術の形であれば、相手と相対し、刀を構え近づき、刀を合わせる、というごく簡単な動きのなかにも、相手との間合いを計り、構えた刀で自分の身を守りつつ近づき、相手の動きを誘い、可能な限り自分を守りながら、相手の崩れに乗じて斬る、といった要素があり、その一つひとつのなかにも守るべきことが無数にあるのです。

それは中国拳法でも同じです。一人で行う套路でも、仮想敵を想定した攻防の技術や、その流儀で必要な力の出し方、気功的な要素、身体の養成方法など、やはり様々な要素が詰め込まれています。

また調べるうちに気がついたのは、伝承自体も長い年月のなかで変容しているものが多いことです。名前が変わっていたり、読みは同じだけど漢字が変わっていたり、伝言ゲームのように習った人の理解や個性はもちろん、一人の先生が教える内容でも時代によって表現方法や伝え方が変化していることがあるのです。ですから最初の頃は素朴でわかりやすかった形（套路）が、都会に出てきた後で洗練され、表演としては魅力的になった反面、本質的な動きが隠れてしまったりすることもあるわけです。

そうしたことを考慮に入れた上で、より本来の形を残しているものを探したり、類推したりする作業を繰り返すうちに気がついたことがありました。それは、**形が大きく3つの要素によって構成されていること**でした。ここでいう3つの要素とは、

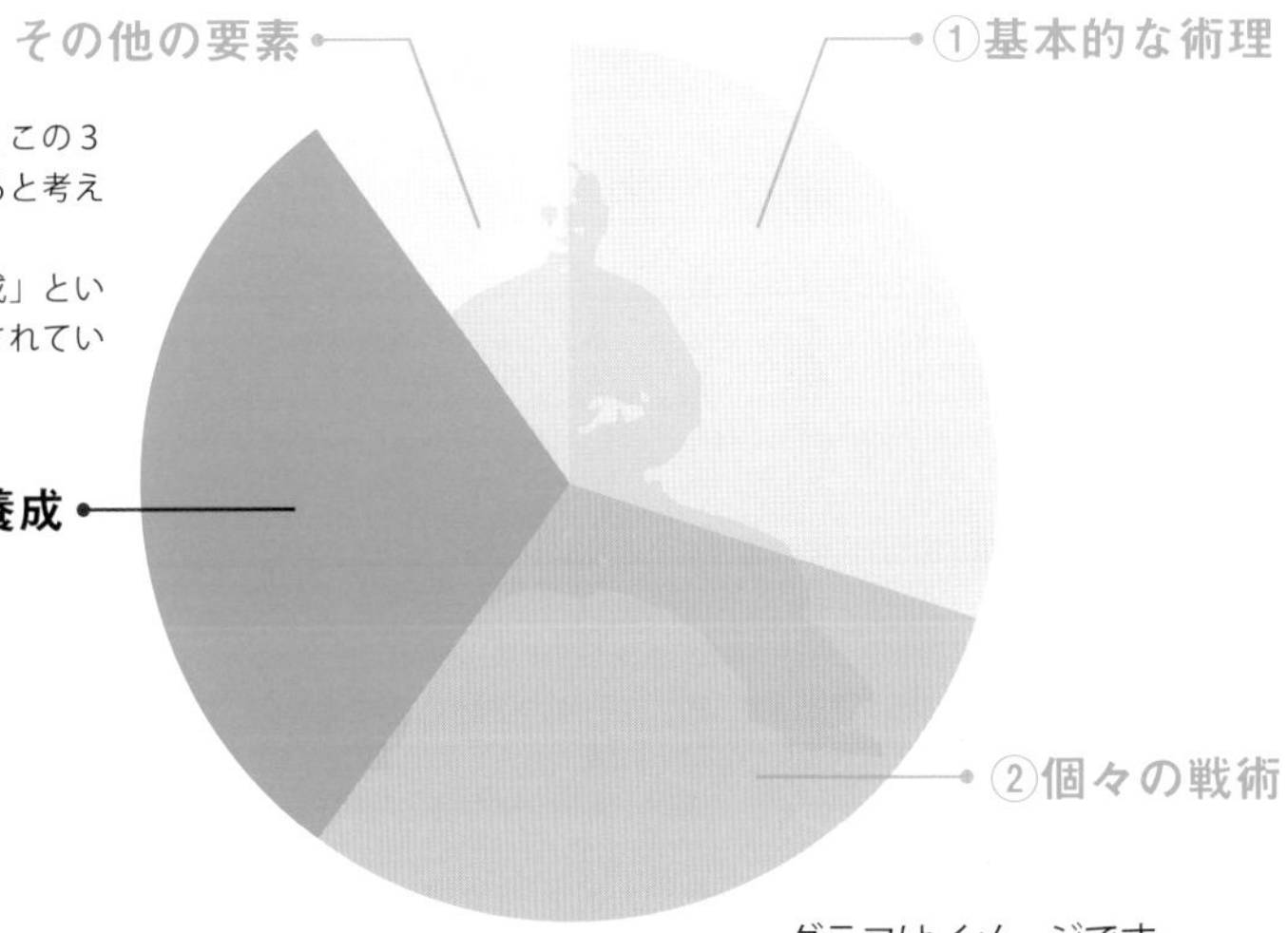

武術の形や套路は、大きくこの3つの要素で構成されていると考えます。
なかでも③の「身体の養成」という部分は、意外に見落とされている要素といえるでしょう。

グラフはイメージです

①その流儀の基本的な術理
②個々の戦術
③必要とされる身体の養成
です。

①は例えば、「相手に対して真っ直ぐ接近して打つ」や「横にずらしながら接近して崩す」というようなことです。このなかには歩法や力の出し方も含まれます。

②は①を踏まえた上で例えば、「相手が右手で突いてきた時に、左手で相手の攻撃を防ぎながら、右手で打つ」や「相手の動きを誘って、真っ直ぐ入ってきたところを、横にずれて崩して倒す」というようなことです。

そして③は、①を成立させ、②を完遂するために必要な前提条件となる**身体を作る要素**です。前段に登場した家を建てる例でいえば、土台や基礎、つまり**「根本的な部分」**に当たる部分です。

先ほどの「相手に対して真っ直ぐ接近して打つ」という動きでいえば、まず自分が真っ直ぐ立つことができていなければ、相手に対して真っ直ぐ接近することはできません。また、近づく際にも左右にぐらぐらと揺れるような歩き方ではなく、平らな床でなくても、滑るようにスルスルと歩かなければなりません。「真っ直ぐ打つ」ためには、こうした前提がなければそもそも成立しないのです。逆にその前提の欠けや不足は、そのまま「真っ直ぐ打つ」という結果の精度に現れます。

本人はいくら真っ直ぐ打っているつもりでも、斜めであったり、ブレていたりします。それでもなんとか小手先で帳尻を合わせようとするのですが、それでカバーができるわけがありません。私とT先生との違いはこの土台の有無にあったのです。

本来なら一番重要な土台の部分なのですが、あまりにも根本的すぎて、他の２つの要素に隠れてしまい、普通に見ている限りは気がつかない部分でもあるわけです。

しかし、これは当たり前のことでもあります。この本をお読みの皆さんも、武術といえば、カッコよく刀を構えたり、一撃必殺で相手を吹き飛ばしたり、大男を片手でキリキリ舞いさせたりしている姿を思い浮かべるでしょう。地味な土台や過程には目がいかず、派手な結果にばかり注目が集まるのは武術に限ったことではありません。

ですが、そうした技が成立するのは、全て③で養成された身体があってこそです。T先生もそうでしたが、昔の武術家は子供の頃から形を含む基本的な稽古を数え切れないくらい繰り返すうちに、自然にその武術に必要な身体を作り上げていたわけです。また育った生活環境の影響もとても大きいでしょう。私たち自身にしても、着物を着て下駄や草履で舗装されていない道を歩いていた頃の日本人と、現在の我々とでは身体感覚自体が根本的に違うのは当然です。

そう考えると、そもそも生活環境や時代背景が違う私たちは武術を学ぶにあたり、**スタート地点からして先人とはずいぶん違う**ことがわかります。こうしたことを踏まえつつ、形から③の要素を抜き出す作業を続けました。それはちょうど数学の素因数分解に似ているかもしれません。

素数とは1とその数字自身以外では割り切れない数（約数）で、2、3、5、7、11、13といった数字です。逆に、4は2に、6は3や2に、といった具合に素因数分解されるわけです。

複雑な形から、**その形を為さしめている身体を作る要素、それ以上は割り切れない核心的なものを探す**。その作業を繰り返すうちに顕れてきたのは、身体の出発点ともいえる**「基準性」**でした。

「基準性」の発見！

どんなこともそうですが、**物事には基準性＝「物事の基礎となるよりどころ」があります**。例えばどこかに旅行しようと思ったら、目的地の前にまず出発点が基準になりますね。もし私が埼玉の蕨駅から新大阪駅を目指すのであれば、蕨《わらび》駅を基準にして〝まず京浜東北線で東京駅まで行って、そこから新幹線に乗れば着くな〟と考えます。でも、そもそも自分がどこにいるかわからなければどうでしょう？　大雑把に太陽の方向から西を目指す人や、タクシーを捕まえて「新大阪駅に行って」というお大尽もいるかも知れませんが、普通はまず自分がどこにいるのかを周りの人に聞いたり、看板などを見たりして、自分のいる場所＝基準を確認してから方法を考えるはずです。

ところが、私たちは自分の身体のことになると意外に無頓着です。立つ、歩く、物を取るなどの日常的な動作のなかで、いちいち「まず、自分のいる場所を確認してから動こう」なんて考える人はいないでしょう。実際、日常生活を過ごす上ではそれでほとんど問題はないはずです。理由は、私たちの身体はとてもよくできているので、多少偏っていたりバランスが崩れていたりしても自動的に調整して、辻褄を合わせてくれているからです。

ところがこれが命のやり取りを前提にした武術となると違ってきます。

僅かなブレやズレが明確に動きとして現れます。例えば「立った姿勢から前に一歩踏み出しつつ突く」というシンプルな動きでも、まず最初の「立った姿勢」ができていなければ、正確に真っ直ぐ前に進むことはできず、しっかりした突きを打つことはできません。さらに相手がいれば、刻々と変化する相手との距離や角度などを把握して打つ必要があります。

もちろん、似たようなことはいくらでもできますが、ほとんどの場合それは手や足といったパーツで辻褄を合わせているだけで、似て非なるものなのです。突きであれば威力は落ち、正確性も損なわれるでしょう。射撃に例えれば、銃身が曲がったライ

T先生の動きは、どの瞬間を切り取っても、そこに基準性がありました。一方、当時の私は、打つという瞬間にだけ注目していて、全体に通底する基準性がなかったのです。

フルで標的を狙うようなものです。特にこうした要素は日本刀を扱う剣術などでは重要で、ごく僅かなズレが死命を分けます。

私がT先生のもとで感じた決定的な違いは、まさにこの「基準性」の有無にありました。

幼少期から武術を学んできたT先生の動きは、**常に基準性がありました。**ですから正確性はもちろんですが、動きのどの瞬間を切り出しても、バランスやスピード、重心の位置などに破綻がなかったのです。「打つ」という動作にしても、動き出しの時点で「打ち終わり」まですでに整った状態があり、それでいてあらゆる瞬間に変化できる可能性を含んだ、重厚さと軽快さを併せ持ったような動きでした。一方の私は、形こそ似せようとしていましたが、そもそも基準性がなかったため動けば動くほどに破綻し、それをなんとか小手先で辻褄を合わせようとすることで、さらに本質から離れてしまっていたのです。

ここでようやく根本的に足りない「なにか」が「基準性」であることにたどり着いたわけです。

ではどうすれば「基準性」を養えるのか？　それもセンスに関係なく、**誰が行っても一定の再現性のある稽古方法として成立するのか？**ということが私にとってのテーマとなりました。

幸いにして、こうした私の試行錯誤に付き合ってくれる仲間が少数ではありますがいたこともあり、それまでの武術的な枠組みに囚われない実験的な稽古を行うことができました。

暗中模索の稽古「刀禅《とうぜん》」誕生

暗中模索のなかで始めた稽古は、進めば進むほど地味なものとなりました。当初は

「基本に立ち返ろう」ということから、「素振りクラブ」という名前をつけていたものの、「そもそも我々は素振りをするのに足る身体であるのか？」という疑問が湧き、結局、一度も素振りをせずに終わったくらいです（笑）。また、「太極拳を習いたい」と入ったにもかかわらず、初日から木刀を持たされ、ただ前後に歩くだけという稽古を半年近くやらされた人もいて、いまでも肝稽古の際にぼやかれたりしています（笑）。

基準性を求める稽古は徹底的にシンプルになりました。木刀を持って行う稽古でも振ったり突いたりすることはなく、徒手で行うものでも突きや蹴りといった武術的な動きはありません。静かな動きのなかで基準性を養う作業は、傍目からはなにをしているのかわからないくらい地味なものとなりました。

これはもう刀禅《とうぜん》という名前を名乗った後のことですが、格闘技漫画で大変有名な作家さんが見学にいらっしゃった際に、私たちの稽古風景を見て「これは、いつ稽古が始まるのですか？」と聞かれたことがあるほどです（笑）。

それでも繰り返すうちに、徐々にですが変化が現れました。

空手を学んでいる人からは、「パンチ力がアップしました」「突きや蹴りの安定感が増して、周りの人にびっくりされました」という感想や、中国拳法や剣術を学んでい身体のOS（仕組み）が変わることは、ある動作が上手になるということではなく、運動全体が新しいバージョンに生まれ変わることです。

そしてその過程にこそ、自分の見知らぬ可能性を知る愉しさがあるのです。

る人からは「自分のなかに基準性ができてきたら、それまでわからなかった形の意味がわかるようになりました」といった感想をいただくことが多くなりました。そうしたなかでも多いのが、「身体の仕組みが変わったような感じがする」というものです。パソコンに例えるなら、OSのバージョンアップをしたように、同じ身体なのに動かす仕組みが一新されたような感じがするそうです。なかでも印象的なのは、「稽古を通して自分の身体を掘り起こしているような感じで、掘れば掘るほど〝自分のなかにこんなに動きの可能性があるんだ！〟という発見があります」という感想です。
「センスがなければ駄目なのだろうか」と思い悩んだ私にとっては、とても嬉しい感想

であり、私自身が感じていた変化や方法論が間違っていないということに自信を持てた瞬間でもありました。

腰痛が消えた⁉

また特に武術をされていない方からも「ずっと悩まされていた腰痛が消えました」「怪我で動きが悪くなっていた肩の調子が良くなりました」という感想をいただくことも増えました。

実は私自身、20代の頃に脊椎圧迫骨折を経験し、一時は立ち上がることが難しいほど苦しんだ経験がありました。当時は少し動いただけでも冷や汗が出るような鋭い痛みがあり、眠ることもできず、名医と言われる医者を訪ねても一向に良くなりませんでした。まだ若かったこともあり、将来を悲観したりもしましたが、あまりの痛さに一念発起して〝誰にも頼れないのなら、自分でなんとかしよう〟と決意しました。

それからは、自分の身体のなかに痛みを刺激しないで動くルートを探す日々が始まりました。足を一歩踏み出すという何気ない動きのなかに、痛みが発生しない力の掛け方を探し、文字通り薄氷を踏む思いで、身体のなかに少しずつ力を入れることができる新しいルートを探すのです。もちろん時には激痛にぶつかり、血の気が引くような激痛にへたり込むこともありました。その度に身体の地図を更新しながら進んでいくことを繰り返しました。

思えばこの経験が私の身体の一番奥底にあったことが、T先生のもとでの気づきや、武術のなかに基準性を求めた今日に繋がっているといえます。

こうした経緯を経て、60歳になる頃にはある程度の形となったことから、**「ボディワーク刀禅」**を名乗り、今日に至ります。

「ボディワーク」としたのは、改めて自分が伝えていることを見た時に、武術・武道というカテゴリーでくくる必要を感じなかったからです。そうしたジャンルに分けられる前の段階の身体の土壌を養う稽古だと考えたからです。先ほどのパソコンの例でいえば、新陰流や形意拳、空手といった武術はもちろん、それ以外のサッカー、社交ダンス、ブレイクダンスなどは、**身体というOSの上で動く個別のアプリケーション**、あるいは**土壌に植える種である**といえます。

それぞれの種目や競技には独特の技術やルール、目的、価値観があり、それは個別に養われるものですが、どのアプリも土台であるOS＝身体の上で動くことには変わりません。そして、私たちのアプローチはその身体の質自体を向上させることを目指したものであるからです。そうしたことから「ボディワーク」を名乗ることにしました。そして、求めるべき身体性の指標として、唯一無の存在である「刀」。これに「禅」を冠したのは、〝人は根底から変われるのか？〟という模索を続けていくなかで、大きな動きから小さな動きへ、瞬間的な動きから持続的な動きへと、稽古の内容が〝動〟から〝静〟へ向かって収斂していく、いわゆる武術的な稽古からどんどん離れて、禅的なものへ近づいているのではないかと思えたからです。そして静の持続の方に価値を置くようになっていったわけです。

本書で紹介している揺腕は、こうした経緯で生まれた刀禅のなかでも、効果が高く、広く一般の方でも行えるものです。しかしいま改めてこうして自分の歩みを振り返ると、自然の導きを感じています。

第二章 基準性とはなにか？

なぜ腕を振るのか？

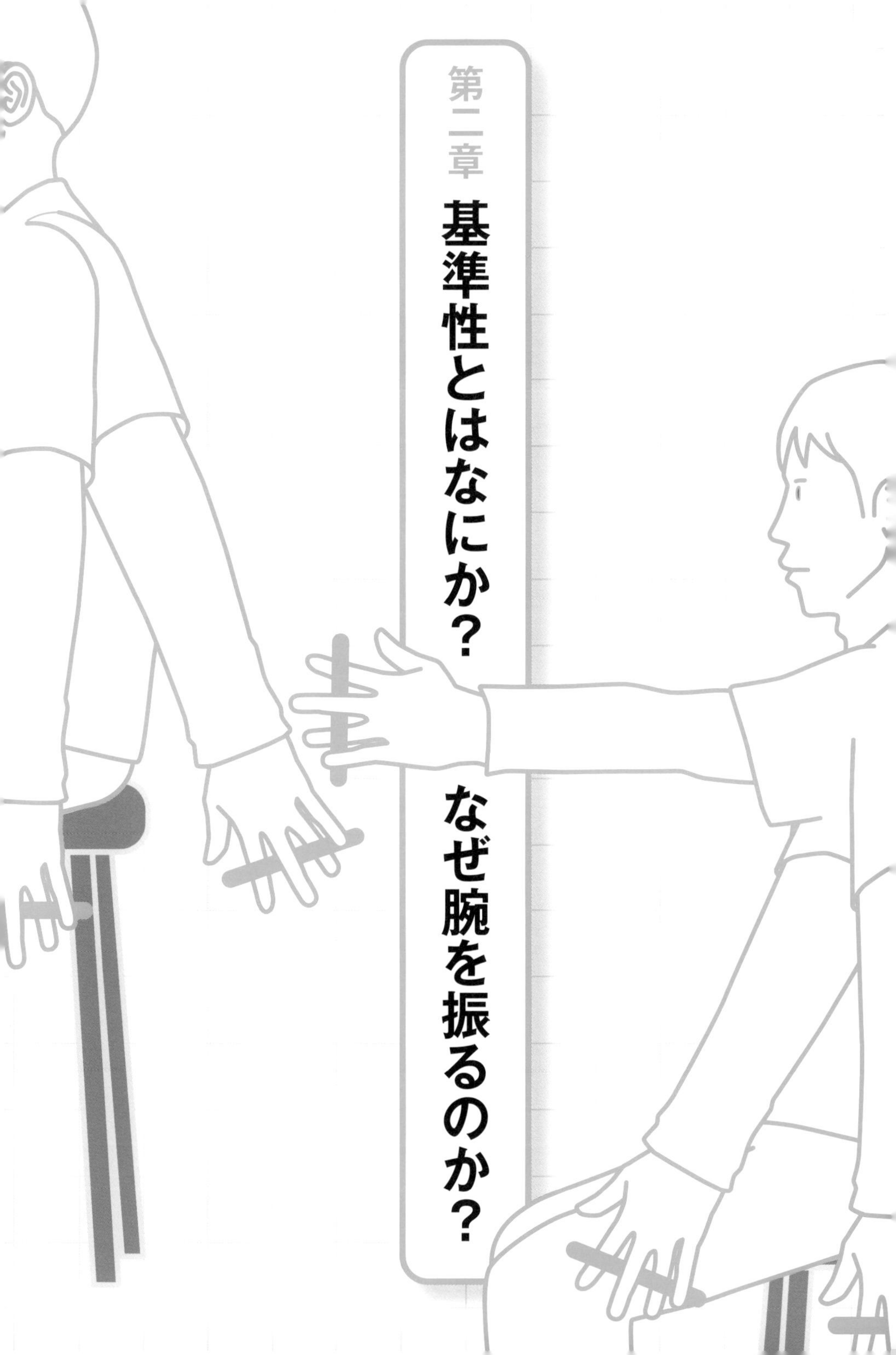

第一章では、私自身の歩みとともに、基準性の発見について書きました。ここからは改めて、基準性と揺腕について書いていきたいと思います。

身体の基準性とは？

私がここでいう基準性とは、「はじめに」にも登場した、

1 **垂直性** 地面に対して真っ直ぐ立っているか・座っているか
2 **水平性** 肩や腰などが地面と水平であるか

です。地球上に住む生き物はどこにいようとも、鉛直方向、つまり垂直方向に働く重力の影響を受けています。なかでも二足歩行をする我々人間は、最も垂直性と水平性に敏感な動物といえます。なにしろ他の四足動物に比べて重い頭を地面から遠い位置で支えなければなりませんし、エネルギー効率の面からも、できるだけ無駄な体力を

私たち人間は、生きている時間の多くを、二足歩行で過ごすことが宿命付けられている生き物といえます。

使わず身体を支え、移動させせなければなりません。そのためには、垂直・水平という基準にできるだけ身体を沿わせることが必要になるわけです。そうしたことから人間は、骨盤を大きく広く変化させ、三半規管や前庭、視覚、触覚といった身体のなかにある器官を複雑に組み合わせて使うことで、基準性に適った身体へと進化を重ね、今日までの長い時間を生き抜いてきたのです。

そう考えると、**そもそも我々は基準性に身体を沿わせる能力を持った生き物**だといえるでしょう。私たち自身を振り返ってみてもほとんどの場合、誰に習うということもなく、立ったり、歩いたり、走ったりといったことができる生得的な能力を持っています。

その一方でその能力には、かなり個人差があるようです。「生まれつき足腰が強くバランス感覚が良い」という人もいれば、「なんだか身体に力が入らず、いつもふらふらしてしまう」という人もいらっしゃいます。また持って生まれた素地の他に、育った環境の影響も強いでしょう。都会育ちで生まれた時からテレビやスマホがある世代の人間と、着物を着て下駄や草鞋で野山を駆けていた人たちに違いがあるのは当然です。

言葉にすれば当たり前のことですが、意外にこの当たり前の「土台的な要素＝基準性」の問題をなおざりにしたままのことが多いようです。そして、それを無視したまま身体についての話を進めようとすることが、さらに問題を難しくしているように思います。

正中線は幻想？

武術に限らずスポーツや日常生活でも、「身体を真っ直ぐに」とか「正中線を意識して」「自分の軸を意識しましょう」なんていう言葉を耳にしますね。言われた方も「そうか」と思って、なんとなく姿勢を直してみたり、グッと胸を張ったりします。教える方も教わる方も、あたかもみんなが合意した共通の、「真っ直ぐさ」や「正中線」「軸」といったものが自分の身体のなかにあるように振る舞っています。

でも実際はほとんどの場合、教える方も教わる方も、考えているものや目指しているものが一緒であることはありません。極端な言い方をすれば、万人に共通した「真っ直ぐさ」や「正中線」「軸」はもちろん、そうしたものが私たちの身体のなかに**自然に備わっているというのは幻想**です。

もちろん、まったく「ない」とは言いません。先ほども申し上げたように、二足歩行で生活をしている以上、ほとんどの人は日常生活をする上で不自由がない程度のものは備わっているでしょう。ですがその在り方や感じ方は多種多様で、人間の数だけあり、またほとんどの場合は「軸」と呼ぶにはあまりにも曖昧なことが多いようです。

実際に私のところには、かなりの武歴（武道・武術のキャリアのことです）を持った方から、武道はもちろんスポーツを含めて「身体を動かすことはほとんどしてこなかった」という方までいらっしゃいます。ですが武歴があるからといっていわゆる

「軸」や基準性があるかといえば、必ずしもそうではありません。かえって何もしてこなかったという方にハッとさせられることもあります。

両者に共通するのは、本人にはあまり「自覚がない」ということです。

前者のケースでは、それまでのキャリアや経験からご本人には「これこそ軸だ！」という思いはあるのでしょうが、触れてみると身体を固めているだけで、本書でいう基準性とはずいぶん違うことがあります。また後者のケースでは、周りの人に「良いですね」と言われても本人はなにを褒められているのかわからず「え、なにがですか？」なんていう感じなのです。第一章で触れたように、あまりに根本的な部分であるため、ほとんどの場合は自分の基準性について自覚がないわけです。

それでは、どうして自覚がないのかについて、もう少し考えてみましょう。

基準性に自覚がない理由

一つは、日常的な部分であまり不都合を感じていないことがあるでしょう。そもそも立ったり、歩いたり、座ったりというごく当たり前の運動の質や正確さについて考える機会はあまりないわけです。

どちらかというと、武道の形稽古や踊り、お茶やお花、ヨガのアーサナなどといった、手順や決まった形を取らなければいけない動きや、ゆっくりした動きのなかで、「あれ、バランスが悪いな」「グラグラする」といった感じで自覚されるわけです。

この時に陥りやすいのが、「帳尻を合わせる」方法論です。形であれば、動きを点で捉えて、いわゆる打ったり蹴ったりといった「極まった部分」に身体を固めて合わせてしまうのです。これは形を覚える過程では必要なことなのですが、意外にそこに意識を集中してしまうあまり、途中の過程が疎かになってしまうことが少なくありません。第一章で書いたように私もそうでした。「打つ」「払う」「突く」といった技術的な要素を気にするあまり、その過程にこそ重要な要素、つまり、常に基準性を保ち続けていることの重要さに気がつかなかったのです。ちょうど飛び石を飛んで川を渡るようなもので、「川を渡れさえすればいい！」と、勢いや速さで誤魔化してしまっていたわけです。本当に大事なことは、どんなに激しい流れの川でも、粛々と足を取られることなく渡り切れる力なのです。そのためには確固たる基準性が重要になるわけです。実際のところこれはどんな稽古でもいえることですが、**ゆっくりできないことを、速くできるわけがありません。**

抗重力筋は、私たちが生きる上で必須の筋肉群です。無意識でもこれらの筋肉群が働いてくれているお陰で、立ったり、歩いたりしながら、器用な手を使い他の作業ができるのです。その一方で、あまりにも当たり前に働いているので普段は意識されづらいところでもあります。

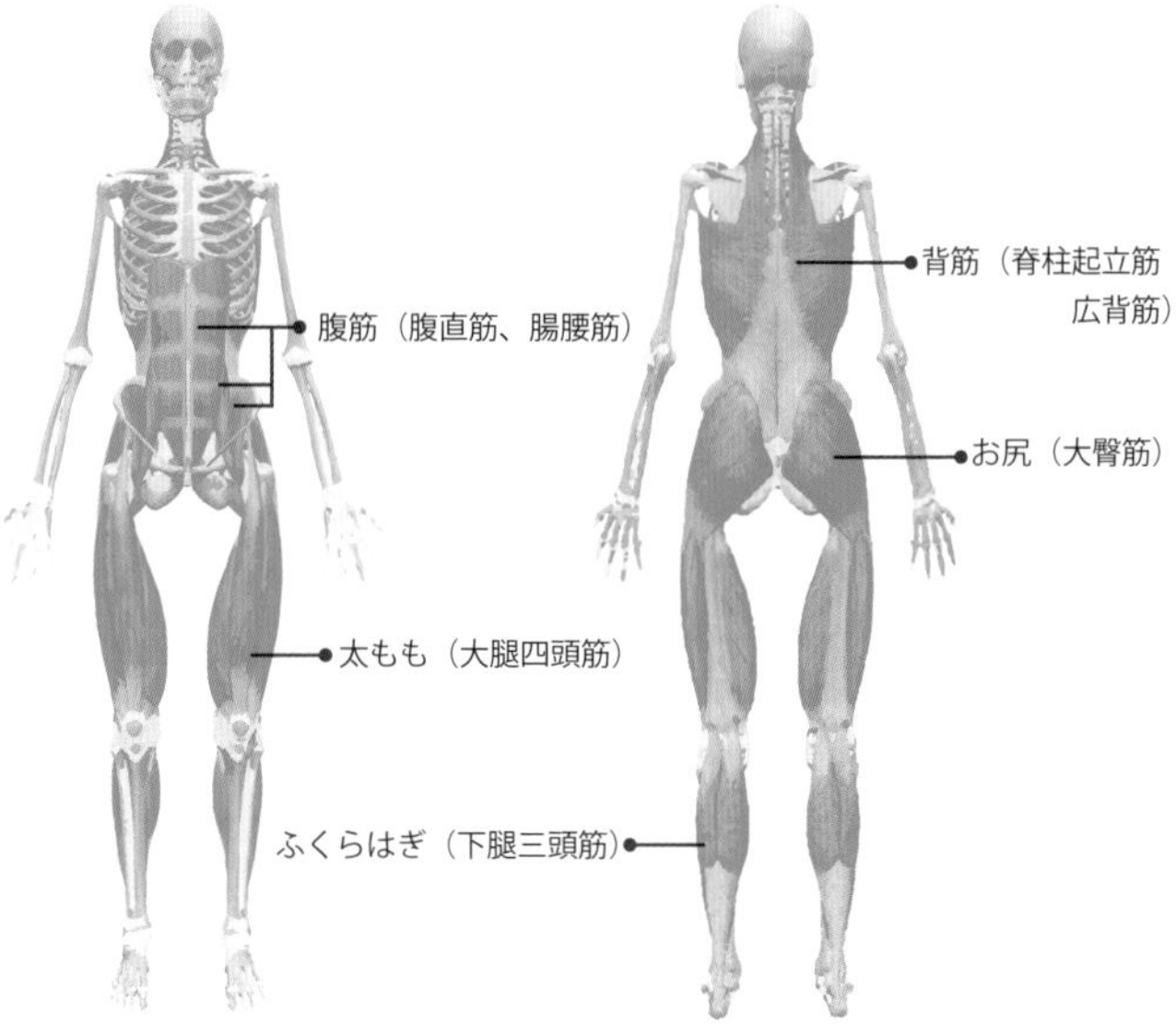
腹筋（腹直筋、腸腰筋）
太もも（大腿四頭筋）
ふくらはぎ（下腿三頭筋）
背筋（脊柱起立筋
広背筋）
お尻（大臀筋）

基準性は空気？

もう一つは構造的な理由です。そもそも私たちが姿勢を保持する上で使われる抗重力筋と呼ばれる筋肉は、無意識に働いています。

またその多くが深層筋と呼ばれる身体の奥の方にあることや、筋肉の収縮量が少ないことも自覚がしづらい理由でしょう。これも二本足での生活を選んだ人間の進化の証しで、普段意識されることもなくオートマチックに処理してくれているからこそ、私たちは立ったまま物を考えたり、本を読んだり、作業をしたりすることができるわけです。ですが「教える、教わる」ということになると、なかなか大変です。なにしろ「もっと腸腰筋を使って！」とか「脊柱起立筋の動きが足りない大きな木や遥かに続く水平線を眺めると、自然に心と身体が落ち着くのを感じるでしょう。

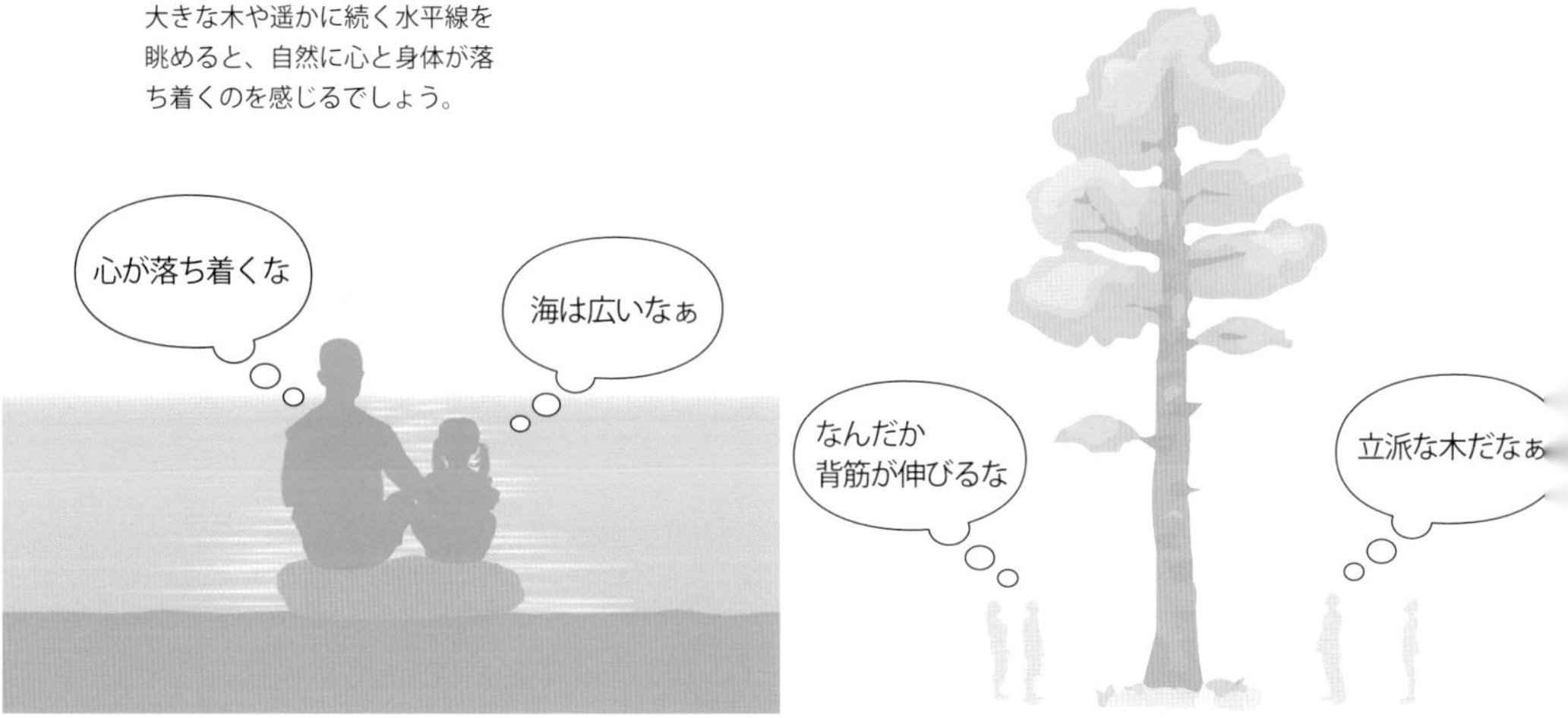
心が落ち着くな
海は広いなぁ
なんだか
背筋が伸びるな
立派な木だなぁ

な」と言われて、「はい、わかりました！」と動かせる人は少ないでしょう。かえって意識ができる動かしやすい筋肉を無駄に働かせて、身体を固めてしまうことも少なくありません。

例えて言うなら、基準性とは空気のような存在で、なければ生活ができないのですが、普段は意識することもないわけです。だから見えないけれど「当たり前にある物」というのが前提となっているので、簡単に「正中線」や「軸」という言葉が使われているわけです。

ですが実際のところは言っている方も言われている方も、イメージや体感はバラバラで、明確な基準を持っている人もいれば、なんとなく背骨や頭のてっぺんを意識して「こんなもんだろう」と思っている人もいるわけです。

一方で、無自覚だから鈍いかといえばそうでもありません。

例えば雄大な山や神社などで垂直に聳え立つ巨木を見ると、自然に自分の立ち方がどっしりと安定したり、海に広がる水平線を眺めると心が落ち着いたりしますね。これは心理学的には「安全欲求」と呼ばれるもので、私たちは本能的により安定したものに惹きつけられるようにできているそうです。その対象は自然だけではなく、建物や動物、人に対しても同じように働くようです。例えばお城やお寺、教会、高層ビルディングなどの巨大な建築物を見上げたり、なかに入ったりすると、そこにある荘厳さや威圧感に圧倒されるとともに、自分がその一部になったような安定感を自然に感じたりします。歴史上の偉人と呼ばれる人たちが、こぞって巨大な建物や像を建てたのにも理由があるわけです。また、人に対しても「あの人は人物が大きい」「懐が深い」「度量が広い」といった表現がありますね。こう評される人の多くは、なんだか一緒にいるだけで心が落ち着いたり、穏やかな気分にさせてくれたりするタイプが多く、自然に周りに人が集まってくるようです。そういえば「寄らば大樹の陰」という言葉もありましたね。いずれにしろ私たちは**強い基準性を持ったものに本能的に惹かれる**わけです。二足歩行という不安定さを抱え続けている人間にとっては、安定感を求めるというのは根源的な欲求なのかもしれません。また武術や格闘技の経験がある方は、相手と向かい合った瞬間に「あ、これは勝てないな」あるいは「これは大丈夫」といった感覚をもったことがあるかと思います。こうしたことを感じる背景には、**相対的な安定度**があるわけです。時代劇で「むむ、おぬしできるな」というシーンがありますが、これは互いの安定度を計っているといえるかもしれません。

加えて実際に私たちの身体に備えられたセンサーは、垂直・水平という基準に対してとても敏感です。それは0・1度（1メートルで1ミリの誤差）というほんの僅かな傾きにも反応するほどで、これは現在スマートフォンについている傾き感知センサーよりも敏感なレベルだそうです。確かに机や床が少し傾いているだけでも気になったりしますよね。

つまり私たちは周囲の基準性を常に感じたり、それに影響されていたりしている一方で、自分自身の基準性について把握するのが苦手な生き物だといえるのかもしれません。なかでも現代人はその最たるものでしょう。なにしろ道路は舗装され、足は靴に守られ、オフィスも家も学校も、ほとんどどこでも垂直、水平が整備された環境にいるのですから、多少、自分の基準性が狂っていても日常生活で気にする必要がありません。また社会的なルールも、できるだけ多くの人がスムーズに生活できるようにシステム化しているので、集団のなかで流れに乗っていればそれほど不自由に感じることもありません。「赤信号、みんなで渡れば怖くない」というところでしょうか。

「特に不自由がないんだったら、基準性なんてなくてもいいんじゃないの？」

という疑問をお持ちの方が出てきそうですが、そこは、

「お待ちなさい、若い衆」

です。

基準性がないとどうなるか？

基準性が明確に問われるのは、相対的な関係が濃い局面です。わかりやすいのが武術や格闘技などでしょう。先ほどの「むむ、おぬしできるな」ではありませんが、初心者に比べて熟達した人は姿勢が良く、無駄な動きが少なく、落ち着いた佇まいがあります。一方の初心者は、「なにかしなければならない！」と慌てた感じがあり、そ

格闘技に限らず、なんとなく相手が「大きく見える」「安心感がある」と感じるのは、相対的な安定感、基準性の有無が影響していると考えられます。

なんだか
安心できる人だな
相手が大きく
見える !?

れが緊張となって姿勢にも現れて安定感に乏しくなります。もちろん技量の差もあるのですが、それ以前の「在り方」としての差が問われているのです。これは武術や格闘だけでなく、話していても相手によってなんとなく安心感を抱いたり、不安になったり、そわそわしたりすることを含めてもよいかもしれません。

この「在り方の差」がどこから生まれるのかを説明するのは難しいのですが、一つはボディワークで言われる「グラウンディング」、「しっかり立てているか」というところになるかと思います。この場合の「立つ」とは、物理的に二本あるいは一本の足で地面や床に立っていることはもちろんですが、垂直性と水平性という基準性に沿って、自分がそこに存在していることを許され、受け入れられているようなニュアンスを含みます。森のなかで出会った大きな木が、そこに在ることが必然であり自然だと感じるような感覚。

こんなふうに書くとなにやら怪しげな感じがするかもしれませんね（笑）。このあたりはどうしても感覚的なことになるので、いまは「わかった時に、わかること」というスタンスで読んでいただいて構いません。もっと身近な例でいえば、武道の稽古はもちろんですが、日常生活でも職場や道場に新しく入ってきた新人さんを相手にした時に自然に湧き上がってくる、〝ああ、あんな頃が自分にもあったな〟という感じかもしれません。逆に自分の新人時代を思い起こしてみれば、先輩が自分よりもずっと年上で、安定した存在のように感じられたはずです。

もう少し踏み込むと、そうした「いま、ここにいる」という感覚に対して意識的な状態といえます。

垂直性と水平性という基準性に身体を沿わせることで、自然に自分の身体のなかで立ち上がってくる基準が養われてくると、自分がどこにどう存在しているのかが明確になってきます。この自分の存在を出発点にした感覚が、武術の稽古を含む日常生活でも**他者や物との相対的な関係、距離感や間合いなどを作り出します。**逆にいえばこの感覚が曖昧なままでは、自分と相手との間にしっかりした関係を作れないのです。

形稽古の捉え方が変わる

座標を思い浮かべてみるとわかりやすいでしょう。位置を示す方眼のマス目上のどこに自分がいるのか、相手はどこにいるのかが曖昧なまま動き始めてしまうと、結果の成否に関わらずプロセスを含めて曖昧なものになってしまいます。

逆に自分に基準が備わり、いま存在している座標をよく把握できていれば、自分を基準にして相手の座標がわかり、「ここを取れば大丈夫」「ここなら何が来ても対処できる」などが把握できるので、安心してそこに居ることができるわけです。

この基準の視点から剣術を含む武術の相対で行う形稽古を見直すと、動きの意味やそこで養おうとしている感覚や技術が明確になってきます。

多くの武術の稽古の基本では、真っ直ぐ歩いて近づき、そのまま剣や拳で打ち、それを相手が僅かに位置をずらして避けつつ打ち返したり、打ってきた相手の攻撃に、自分の攻撃を被せたりして打ち勝つようなものがよくあります。一見すると、「実戦ではそんな風に防御もせずに真っ直ぐ打ってくる人はいないだろう」「伝統武術だから仕方がない」と思われがちですが、こうした稽古の本質は、基準性と自分と相手との相対的な関係を把握する能力を養うことにあると考えた方が理解がしやすいでしょう。ちょうど映画の「ターミネーター」に登場するアンドロイドが、周囲の状況をサーチしている時のように、状況を正確に把握して最適な対応をしているようなイメージです。この視点が持てないと形の稽古自体がいつまで経っても機械的な繰り返しになり、結局は本質とは離れたスピードの勝負になってしまうのです。

面白いもので、基準が育ってくると、把握できる空間的な間合いの感覚が広く細密になる他、相手の基準を自分に引き寄せて相手から主導権を奪ったり、自分の望む動きを誘発したりすることができるようになります。**自分を含む周囲の空間に対しての解像度が上がり**、より細やかに動けるのはもちろん、相手の僅かな変化に対しても対応しやすくなります。このあたりは説明することが難しいのですが、いわゆる「先の先」や「後の先」「先先の先」といったお話は、こうした基準性からくる相対的な座標感覚が前提にあるといえるでしょう。つまり「一か八か」ということではなく、「先基準性がある熟練者は、空間に対する解像度が高く、自分と目標の間に関係性を自然に作ることができます。弓道で例えるなら、既に「中（あた）った状態」が先にあり、次に引く（放つ）があるわけです。

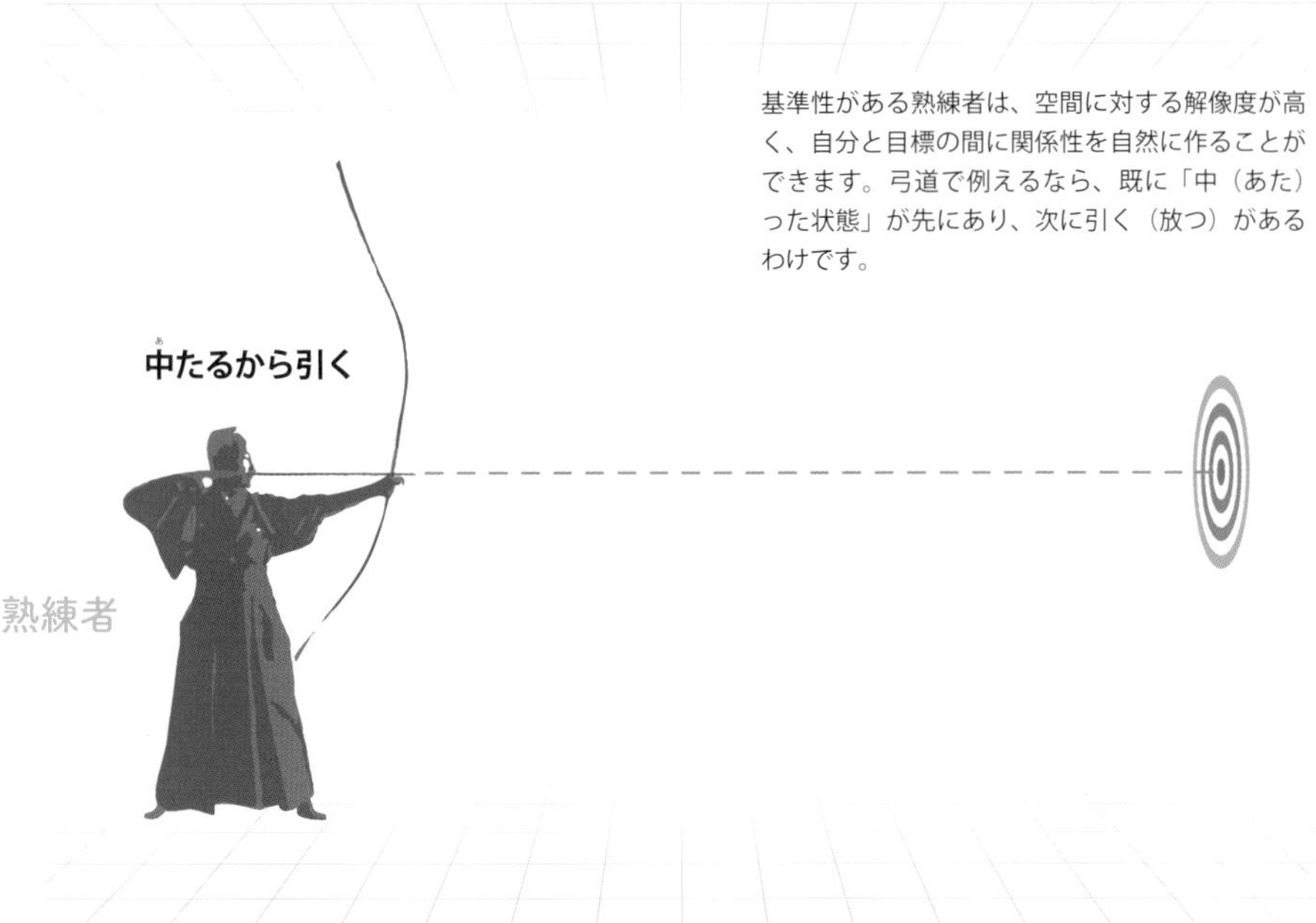

基準性がない初学者は、空間に対する解像度が低いため、自分と目標との間に確固たる関係性を作ることができません。そのため中（あ）たる確信がないまま矢を引く（放つ）ことになります。

に取ってしまう」「勝つべくして勝つ」ということが先にできてくるわけです。「細工は流流、仕上げを御覧《ごろう》じろ」というわけですね。もちろんこれは理想ですが。

時折、高齢の剣道の高段者が若い人を軽くあしらっているシーンを映像などで目にしますが、両者の違いはこの基準性の違いにあるといえます。老練の高段者は、長年の経験のなかで「自分がどこにいて、どこに竹刀を置いていれば当たらないのか」がよくわかっているので、スピードやパワーでは劣っていても、若い人の攻撃を必要最低限の動きであしらってしまうのです。これに似たことは他の武道でもあるでしょう。ちなみに剣道にも「打って勝つ」のではなく、「勝って打つ」という言葉がありますね。

一方で若い頃はスピードやパワーでなんとかなってしまうので、こうした要素はなかなか気がつきづらい部分です。また日常生活を送る分には身体の自動調整機能も働いてくれるのでそれほど不便に思うことも少ないでしょう。ですが歳をとってそうした能力が衰えてくると、次第に当たるはずの自分の攻撃が当たらず、避けられたはずのものが避けられず、日常生活でも向かってくる人や物にぶつかったり、つまずいたりすることが増えてくるわけです。

またこれは別に武術的な意味合いだけではありません。例えば対人関係や接待の際などで使われる、「相手を立てる」という言葉がありますね。一般的には「相手に対する気遣い」という意味に思われていて、確かにそれも正しいのですが、この基準性をベースに考えると「相手の基準を邪魔しない」ともいえます。そしてその背景には、まず自分に確固とした基準があり、それを出発点にして相手の基準を捉えて振る舞う、上手に誘導する、自分の手のひらに載せてしまうという意味にも解釈できます。

基準性が必要ない運動はない

もちろん基準性は相対的な関係だけに必要なのではありません。格闘技であれば突きや蹴り、剣術であれば日本刀を振るというシンプルな動きのなかにも生きてきます。威力のある攻撃を正確に当てるには、まず打つ側の身体が基準性に沿ってまとまり、ブレなく打ち出す必要があります。また剣術であれば、扱う刀に刀線刃筋を通して、正確に軌道をコントロールするためには、まず自分にしっかりした基準がなければなりません。それは格闘技や武術に限らず、踊りや、物を投げたり、走ったりといった運動、歩く、立つ、物を取るといった日常生活にも影響しています。自分の身体を含め**「物に作用する」という動きのなかで基準を問わない運動は存在しない**からです。いわゆる何気ない「所作が美しい人」というのは、基準性に沿った無理のない動きをしているのでしょう。

付け加えれば、こうした基準を身体に持つことは、そのままメンタルにも影響するといえるでしょう。それは禅やマインドフルネスなどにしても、重心が真っ直ぐ坐骨に落ちた安定したポジションを求めていることからもよくわかります。そう考えれば、ストレスが多い現代社会のなかで禅やマインドフルネスに注目が集まるのも、自分の立脚点となる基準を求めてのことだとも思えます。違いがあるとすれば揺腕法の場合は、それを動きのなかで見つけようとすることです。

いずれにしろ大事なのは自分のなかに基準を育むこととといえるでしょう。

基準性を自分の身体に持つ

ではどうすればその基準を身体に養うことができるのでしょう。ここでまず改めて思い出して欲しいのは、絶対的な基準である、**垂直・水平は、私たちが思うと思うま**

いと存在するということです。水が上から下へと流れるように、基準性に従おうと意識しても、しなくても、自然の法則として存在するものなのです。

私たちが学ぶべきことは、この**自然界に存在する基準性に「沿う」**ことなのです。もちろんそのためには守らなければならないことがあるのですが、「基準性を作ろう」と頭で考えて意識すると多くの場合は失敗します。

そのための方法として有効なのは**シンプルな運動**です。それも**「自分の意思で完全にコントロールしていない要素を含む運動」**であることがとても重要なのです。通常、私たちはなにか指定された運動や形などをしようと思うと、手や腕、脚などの身体の各パーツを思い浮かべた形に動かします。ですが基準性に沿った身体を育むためには、この世界に自然に存在するエネルギーを受け入れる必要があるのです。

求めるのは「中動態《ちゅうどうたい》」

こう書くとなにやらまた怪しげな感じがしますね(笑)。でもそういうお話ではなく、

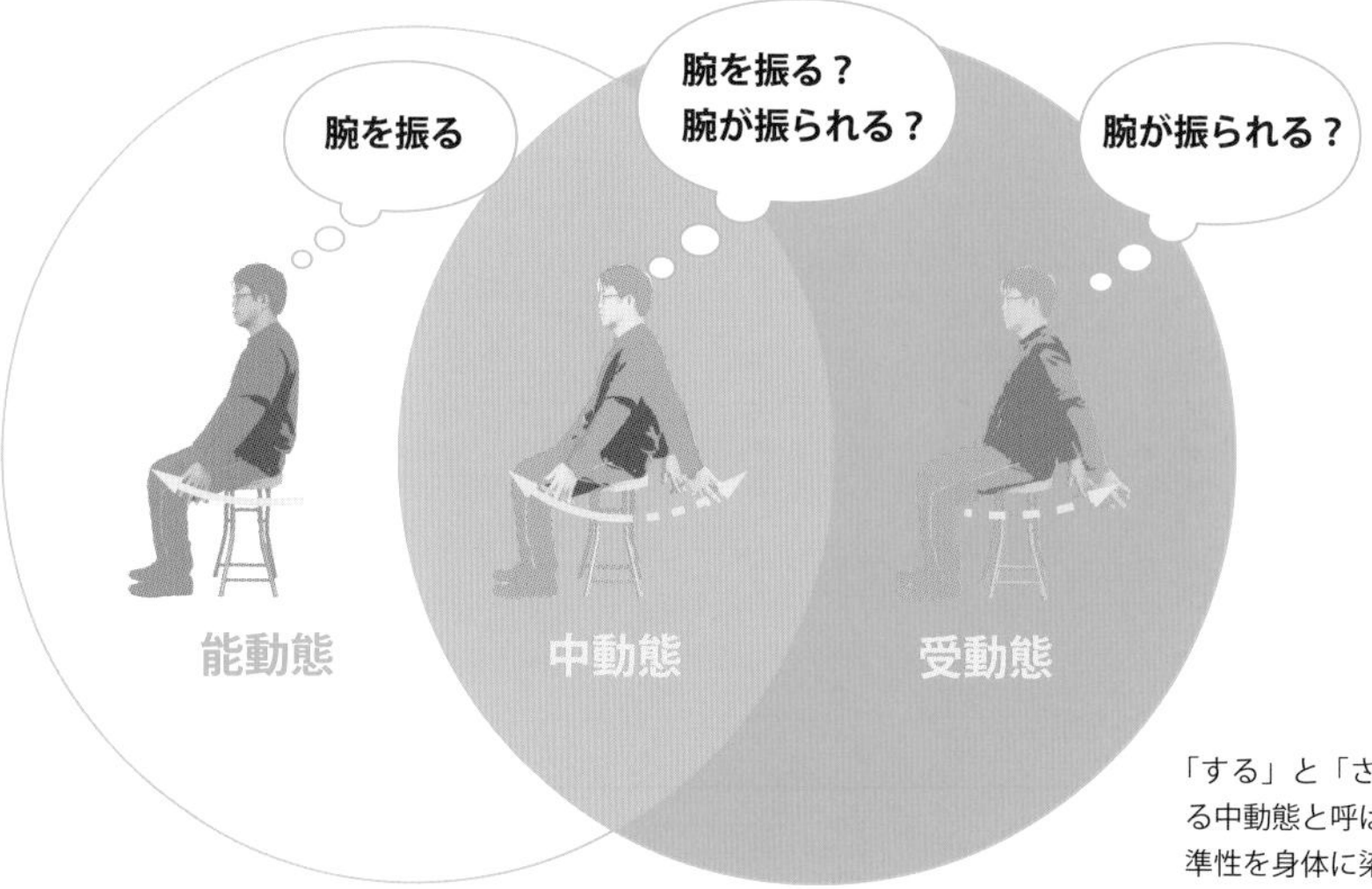
腕を振る
腕を振る？
腕が振られる？
腕が振られる？
能動態
中動態
受動態

「する」と「される」の間にある中動態と呼ばれる状態が、基準性を身体に染み込ませるのに重要な要素です。

ここでいうエネルギーとは**重力**のことです。垂直方向※に働く重力に身体を沿わせることが基準を育むためには必要であり、それには意識によるコントロールを手放す必要があるのです。

感覚的には、

「自分で動かしているようで、動かされている」ような感じです。これは**「中動態」**とも呼ばれるような状態です。中動態とは「する（能動）」と「される（受動）」の間に位置する現象を捉える概念で、古代ギリシャ語などにあるそうです。

往々にして身体のなかに強い軸的なものを作ろうとすると、身体を意識的にコントロールしようとしすぎて、固めて動くことが多いようです。それも一つの方法なのですが、ここではそ

※正しくは鉛直方向というべきなのですが、ここでは文意を優先させて垂直方向としています。

の方法は採りません。そして重力のような無形の働きに身を沿わせるには、**身体をコントロールしようとする意識は邪魔になってしまうことが多い**のです。

一方で「脱力すれば良いのか」となると、そうともいえません。

「脱力」という言葉は武術をはじめ、様々なスポーツ、身体運動で使われますが、その捉えられ方はまちまちです。ただ少なくとも、だらん、と力を抜いてしまっているのではあまり意味がないでしょう。実際、本当に脱力し切っていたら、立っていることすらできなくなります。つまり「脱力している」と言いつつも、そこには身体を支える力が働いているわけです。そう考えると、「脱力」とは「脱力している人」の「主観」であり、実際に起きていることとは差があるといえます。このあたりの定義を追究するときりがなくなるので、ここでは「本人には力感がないけれど、必要な力が働いている状態」としておきましょう。

関節運動からの脱却

身体を固めず、かといって脱力しすぎない。

実は私自身、ここをどうするかについて試行錯誤を繰り返しました。そのなかで手

刀禅を含む揺腕の稽古は、とても静かで、一般的な運動とは異なります。
写真は長尺（ちょうじゃく）を使い、正中面を養う稽古です。

応えがあったのが、「垂直・水平基準を守りつつ、関節運動を使わずに動く」という方法論と、本書で紹介している「揺腕」でした。前者は刀禅で行われている相対稽古と呼ばれるもので、二人一組で手や木刀、長尺《ちょうじゃく》を合わせたまま動くものです。なにしろ関節運動なしで動かなければならないので、ほとんどの人は最初はまったく動くことができません。それでも続けるうちに少しずつですが、パーツに分かれて固まっていた自分の身体のなかに僅かな可動性を見つけて動けるようになってきます。その結果生まれてきたのは、単関節のヒンジ運動的な曲げ伸ばしではなく、基準性を守ることで現れた、身体の奥から蠢《うごめ》くような伸縮や拡張によって動く、静かな身体運動でした。

これは非常に本質的な稽古法で、持続的に相手に接触して動くことで、本当に自分が求める動きができているのかどうかの検証と微調整ができるため、繰り返すことで得られる変化や再現性も高く、現在の刀禅の基本となっています。第一章で触れた、見学でいらっしゃった作家さんが「いつ稽古が始まるのですか？」と尋ねられた背景にはこうした事情があったわけです。

一方で、どうしてもある程度の体力が必要なのと、一人ではできないというのが気になるところでもありました。

そんな折に、新型コロナウイルスの影響で、集まって対人の稽古をするのが難しくなったこともあり、改めて一人稽古の方法を考えることになりました。

その際にテーマになったのは、**一人で行え、体力の有る無しに関わらず誰もができて、場所を取らないこと**でした。理想的には「駅のホームで電車を待っている間」や、「テレビを観ながらできる」ような、日常のちょっとしたタイミングでできて、習慣にできるような運動でした。そのくらい気軽に行えることでないと土台を変えることはできないと考えたからです。そして、**方法は簡単である一方で、精度はどこまでも求め続けられることが私にとって大事**だったのです。

意識から離れた運動

通常、私たちはなにかをする時には、自分を基準に身体をコントロールして動いています。例えば机の上にあるコップを取る時には、意識してもしていなくても、そこには自分の基準性を出発点にした運動とコントロールが働いているわけです。

一方ここでいま問題にしているのは、この出発点にある基準自体が曖昧であるということです。曖昧な基準をもとにした運動は、質もそれに準じたものとなり、目的を達するために小手先の様々な調節や辻褄合わせをすることで帳尻を合わせているわけです。それはここまで書いてきた通りです。

逆にこの基準を問い直す時に、通常の運動、つまり曖昧な基準の上で成り立ったままで運動を行っている限りは、自然界に存在する基準に沿うことはできないということです。それどころか曖昧な基準のまま行うことで、間違った基準性が強化される恐れもあるわけです。そう考えると、禅や中国拳法で行われる站椿《たんとう》などの、動かないことを基本にした稽古方法は、曖昧な基準から生まれる日常的な運動や癖から離れ、より精緻な感覚に意識を向けるための方法論だといえるでしょう。

運動のなかで身体を整える

一方で、動物である人間の本質から考えると、動かないということはかなり不自然な状態です。もちろん坐禅も站椿も、ただ身体を固めているのではなく、一見静止しているように見えて、その実は微細な運動や動きの可能性がそのなかにあることが大事にされています。実際、禅では座って行う坐禅を重要視しつつも、作務と呼ばれる日常の生活のなかでも同じような心持ちである「行住坐臥《ぎょうじゅうざが》」が求められていますし、站椿でもそこで養った感覚を、通常の動く稽古のなかにも持続させることが大事だとされています。つまりそうした動かない稽古で養った感覚を、日常的な動きのなかへと地続きで生かす必要があるわけです。

とはいえこれはなかなか至難の業です。現実的にほとんど静止した状態で養った感覚は、動き始めた途端崩れてしまうことが多く、やればやるほどにこうした稽古と日常生活は離れていくことも少なくありません。ともすると不思議な体験を求めたり、独りよがりな野狐禅《やこぜん》になったりしてしまうこともあります。

またそれでなくとも私たちは物事を分けて考えたり理解したりすることが習い性になっています。これはなにかを理解したり習得したりする時に有効な方法なのですが、ともするとAの稽古とBの稽古を分けて考えてしまいます。いわゆる「練習のための練習」「稽古のための稽古」と言われるものですね。またそうでなくても、「稽古は稽古、普段は普段」とオンとオフを切り分けてしまうのが人間です。ですがここで育もうとしている基準は、私たちが生きる上の土台でありOSです。オン・オフのない生きる仕組み自体を見直す試みなのです。そうしたことから、できる限り動きをスポイルしない方法、運動のなかで身体を整える方法が理想となります。

また刀禅の経験から、自分が基準性に沿った運動ができているかどうかの検証と微調整をするためには、持続的な運動が必要だということもわかっていました。幸い時間はありましたので、色々試行錯誤をした結果生まれた運動が、本書で紹介する腕を揺らす「揺腕」だったわけです。

基準性に沿った身体にするために必要なのは、

- **シンプルであること**
- **場所を選ばずできること**
- **持続的に行える運動であること**
- **中動態で行えること**

詳しい方法などについては続いての章に譲りますが、揺腕の基本は腕を振り子のように振ることにあります。実際に試していただければわかりますが、続けるうちに**「自分が腕を振っているのか」**、それとも重力の作用による振り子運動で**「腕が振られているのか」**が**曖昧になってきます。**もちろん実際には腕を振るという運動をしていなければすぐに止まってしまうのですが、それがわかっていても、自分の腕の動きのどこからどこまでが自分の力で、どこからが振り子運動によるものか、**オンとオフの境目が消失してしまう**のです。この「間《あわい》」とも呼べる部分が、垂直に働く重力に身体を沿わせて、それを基準として身体のなかに育てるために重要なのです。

またこの運動でもう一つ大事なポイントは、**負担なく続けられる運動**であることです。先ほども書いたように「電車を待つ駅のホームでできること」「テレビを観ながらでもできること」であることが、基準性を身に染み込ませるためには必要なのです。逆にいうとそのくらいシンプルで持続可能なものでなければ、先人が当たり前の日常として草履や着物で暮らすなかで養っていた身体に追いつくことはできないと思うからです。

その点で揺腕は運動としてはごく単純に腕を前後に振っているだけですので、疲れるということはなく、スペースも必要としないので、どこでも飽きるまでずっと続けることができます。また慣れてくればごく小さな振り幅でも効果があります。

その一方で、シンプルな運動のなかにも守らなければならないことがあります。詳しくは第三章で説明しますが、意外に多いことに驚かれるでしょう。

イメージとしては日本刀を研ぐ職人さんに近いかもしれません。焼き入れが終わった状態の刀は、あら研ぎ、なか研ぎ、仕上げ研ぎという段階を経ることで、最終的には数十ナノメートル（髪の毛の太さの1000分の1ほど）の精度で研磨されるそうです。それと同じように、**シンプルな動きを繰り返すなかで、その精度を上げていく**

のです。もちろん最初のうちはそんな精度を出せるわけはありません。ですがそもそも動きがシンプルでずっと繰り返していられる運動なので、その気になれば好きなだけずっと行えます。言い換えれば**身体を「研ぐ」作業をずっと続けることができる**わけです。

一方で、精度が出ないからといって諦めるようなものでもありません。これも後で説明しますが、できていなくても間違っていても続けることで、徐々に精度が上がる運動であることが揺腕の大きなポイントなのです。

基準性が作られていく階梯

もう一つ、実践編に入る前に書いておきたいのは、身体に対するイメージです。ほとんどの場合、私たちは身体を手、腕、胴体、腰、脚、足首というように、関節で分けて使うことに慣れています。これはこれで効率的な動かし方なのですが、基準を身体のなかに作るためには別の動かし方をする必要があります。それは身体を関節で区切られた**「パーツ」**から、**「ひと繋がりの身体」**にすることです。

私はこれを講座などでは「関節運動に依らない動き」と言っています。もちろん現実的には関節を使って動いているのですが、腕を曲げるという動作でも、肘の関節だけではなく、肩や背中、腰を経由して足の裏まで繋がった使い方をするわけです。ちょうど、竹ひごや弾力性のある針金が身体のなかを「通った」ようなイメージで、身体全体を動きに参加させるわけです。先ほど少し触れた刀禅の稽古がまさにこれです。

そのために必要なのは、関節に入っている無駄な力を抜くことです。いわゆる「脱力」ですね。ですがただ力を抜くだけでは駄目です。必ず身体の**「内圧《ないあつ》」**を失わずに、運動を伴うことがとても大事なのです。

内圧《ないあつ》とシンプルな運動で基準性を作る

ここでいう「内圧」とは、言い換えれば**身体に張力や弾力性がある状態**です。空気で膨らんだ風船人形をイメージしてもいいでしょう。表面を押したり曲げたりすると、凹んだり曲がったりするのですが、離せば自然に戻り、風船の内側に空気が充満しているので、足で床をグッと踏めば、その圧で自然に腕が持ち上がるような連動性があ

身体のなかを満たす内圧（張力・弾力性）が持続し続けることで、いつでも変化できる動きの可能性と、切れ目や節のない運動が生まれます。

るわけです。だらんと力を抜いて、糸が切れた糸人形のような腑抜けの状態ではなく、人形自体が内圧を保って存在していることが重要なのです。

そしてさらに大事なのが、この内圧を保ったまま動くことです。実は武術の形と呼ばれるものはおおよそ全て、全身に内圧を保ったまま動くことが要求されているのです。ところが、第一章で書いたようにそこに含まれている要素が多いことや、生活習慣自体が違い、関節運動に慣れてしまっている現代人にとっては、そのスタートラインにたどり着けていないため見えづらくなっているのです。その結果、わかりやすい極めの瞬間に注意が行ってしまうのです。

中国拳法では套路を一定の速度で行うことが

空気のようなまったく手応えがない脱力した状態でも、コンクリートのような力を入れた状態でも、渦（基準性）は生まれません。水のような流動性と手応えのある密度（内圧）が身体に備わっていることで基準性が育っていきます。

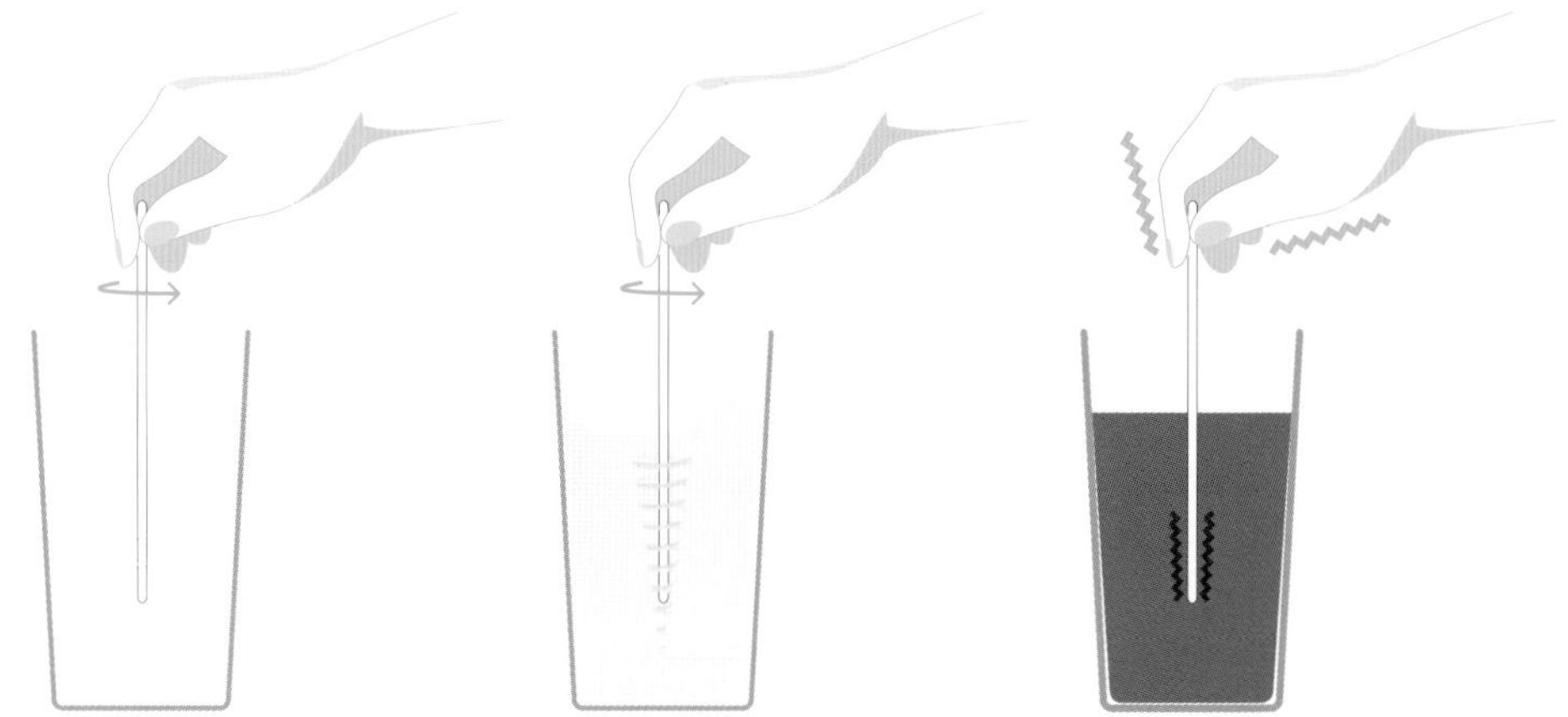

要求されますが、これも極めの形にこだわらず、その間にある過程の一瞬一瞬にも内圧が保たれ、どの瞬間でも反応できる可能性を身体に持っていることを体得させるための教えだといえるでしょう。そしてこの**内圧で身体が満ちている状態が基準性を作るためには重要**になります。

この内圧は「密度」という言葉に置き換えられます。わかりやすくするためにここでは「密度＝水」としてお話を進めましょう。その上で、コップに入った水をマドラーでかき混ぜているところをイメージしてみてください（イメージが多くてすみません）。

クルクルとマドラーを回していると、次第にコップの中には渦が生まれ、さらに回し続けると竜巻のような垂直軸の渦がコップの底に向か内圧が身体に備わってくると、動きに応じて身体のなかに渦的な軸性が生まれてきます。この動きと軸性の関係は相互的なもので、軸性から動きが生まれ、互いに助け、より強くする関係にあります。いわゆる「円転無窮」の動きは、こうした身体から生み出されるものではないかと想像します。

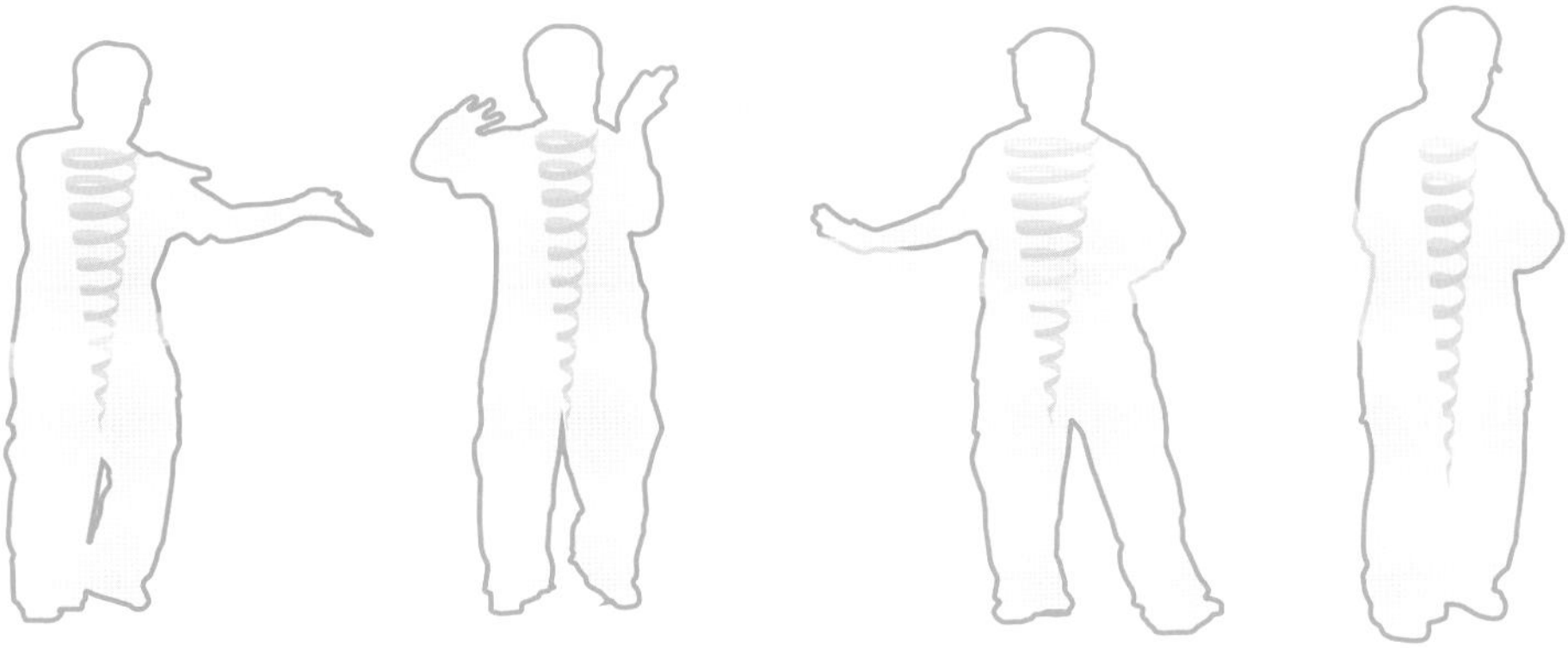

って伸びるでしょう。同じことを空のコップでやってみたらどうでしょう？　どんなに一生懸命マドラーを回しても虚しく空気をかき回すだけでなにも起こりません（厳密には空気が回転して渦が生まれているのでしょうが、ここでは無視させていただきます）。

この水のなかに生まれた渦は、それ自体が単体で存在しているのではなく、水とマドラーが作る力によって生まれたものです。空のコップでは生まれず、またそれが半乾きの生コンクリートのようなものでは硬すぎて渦は生まれないでしょう。

このコップの渦の例でいえば、完全に脱力してしまった虚脱の状態は空のコップに、パーツごと分断された状態は半乾きのコンクリートに当たります。

そして身体のなかの基準性とは、水のような適度な密度（内圧）と流動性のある身体に、適切な運動を加えることで自然に生まれてくるものなのです。

「水のように動く」とは？

また水ということでいえば、水がただそこにあるだけで位置エネルギーと質量エネルギーが存在しています。質量エネルギーは基本的に普遍ですが、位置エネルギーは動くことで生まれる運動エネルギーによって増減します。流れる川の水は、止まっている時よりも、上から下へと流れる運動エネルギーによって動いた方がより大きなエネルギーを持っているわけです。原理的には人間も同じ物理世界に生きているので同じはずなのですが、ポイントは、運動の仕方によって運動エネルギーは違ってくることです。

運動エネルギーは質量と速度の二乗によって決まります。これをパンチに当てはめると、速いけれど軽いパンチは、スピードはあるけれど、参加している身体・質量は少ないということになります。逆に遅いけれど重いパンチは、身体全体がパンチという運動に参加しているけれど遅い、ということになります（実際はこんなに簡単な話ではないのですが）。

理想的には、身体全体が運動に参加していて速いパンチになるのですが、関節運動に慣れた身体は、なかなかそうは動いてくれません。逆に力を抜いて身体をゆるゆるにしてはパンチを打つことすらままなりません。

そこで大事になるのが基準を身体のなかに持っていることです。関節に無駄な力が入っていない、身体がまとまった状態でありながら、明確な方向と速度を持った運動を行うためには、しっかりした基準が必要なのです。川の流れを邪魔せず、さらに勢いを加えながらガイドするようなイメージで、そこから生まれる運動は豊かな川の流れのように緩急自在で、時に瀑布の激しさ、時に清流の涼やかさを持ちつつ、途切れることなく流れ続ける種類のものです。

よく武道では「水のように動く」といったことがいわれますが、これは、比喩的な意味はもちろん、我々人間の体重の約60パーセントが水分で構成されている体感を表しているのでしょう。そしてその水の密度は時に重く、時に軽く、柔らかくも硬くも鋭くも、自在にコントロールできるのがいわゆる「達人」と呼ばれる人たちだったのではと思えます。こう考えると密度・内圧がない腑抜け、いえ「圧抜け」の状態の身体にいくら働きかけても、「暖簾《のれん》に腕押し」状態で、なにも生まれないのです。

ここまで書いてきたことを踏まえると、

・基準性は全ての運動のベースである

そして、その基準性を自分の身体に育むためには

・中動態と内圧を保ったシンプルな運動が有効である

ということです。そして本書で紹介する揺腕は、こうしたコンセプトのもと誕生した刀禅の最も基本的なものであり、粋でもあるといえます。

それでは次章からは、具体的な方法をご紹介していきましょう。

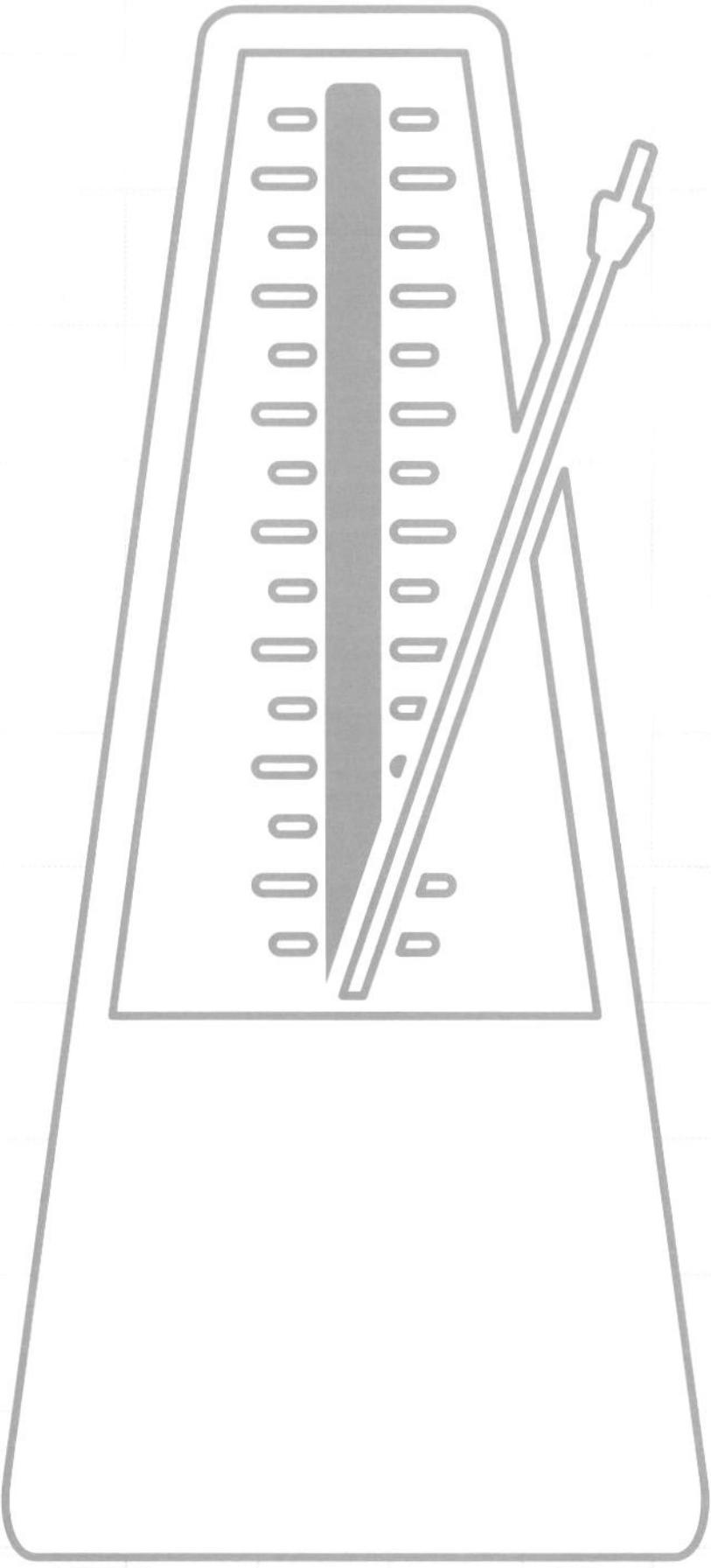

第三章
座る、立つ、歩く、揺腕法 実践編

それではいよいよ揺腕の実際についてご紹介していきましょう。

揺腕の特徴は、ここまで書いてきたように、

・動きがシンプルである
・繰り返して行うことができる

ことにあります。

実際に試していただければわかりますが、基本的には「腕を振るだけ」というとても簡単なものです。ですので「え、さんざん前置きを書いてきたのに実際はこれだけなの？」と思われる方もいるかもしれません。実際、地方の同好会の会員さんを集めた特別講座で揺腕をご紹介した際には、皆さん拍子抜けをしていたようです（苦笑）。

ですがこの単純さこそが私の狙いだということはすでに書いた通りです。

その一方で、シンプルななかにも守らなければならないことがあります。そうした

ことを含めて、ここからは揺腕の実際についてご紹介していきます。

姿勢は3種類、基本は座った姿勢で行う

揺腕は大きく①座って行う、②立って行う、③歩いて行う、の3つのパターンが存在します。基本的には①座って行います。理由は脚で立つよりも、座った状態の方が身体が安定して行いやすいからです。いい方を変えると、二本の脚で立ったり歩いたりする状態よりも、座った状態のほうが運動に参加する身体の部位が少ないからです。考えてみれば当たり前のことですが、動かす部位が増えれば増えるほど、バランスを含め運動を構成する要素が増えるため、動きに精度を求めるのが難しくなるわけです。

ですからまず座った状態から始めて、ある程度の感覚が得られたところで、②立って行う、③歩いて行う、と進んだ方がより効果が得やすいと考えています。そうしたことからここでは、まず座った姿勢から説明していきます。

内圧を養う座り方

椅子は、腕がスムーズに振れるように肘掛けや背もたれのない丸椅子が理想です。

座った時に足裏が床につき、膝から下が地面や床に対して垂直になっている高さがベストです。

舌先を上の前歯の付け根につけます。こうすることで鼻呼吸ができるとともに腹圧がしっかり入り、

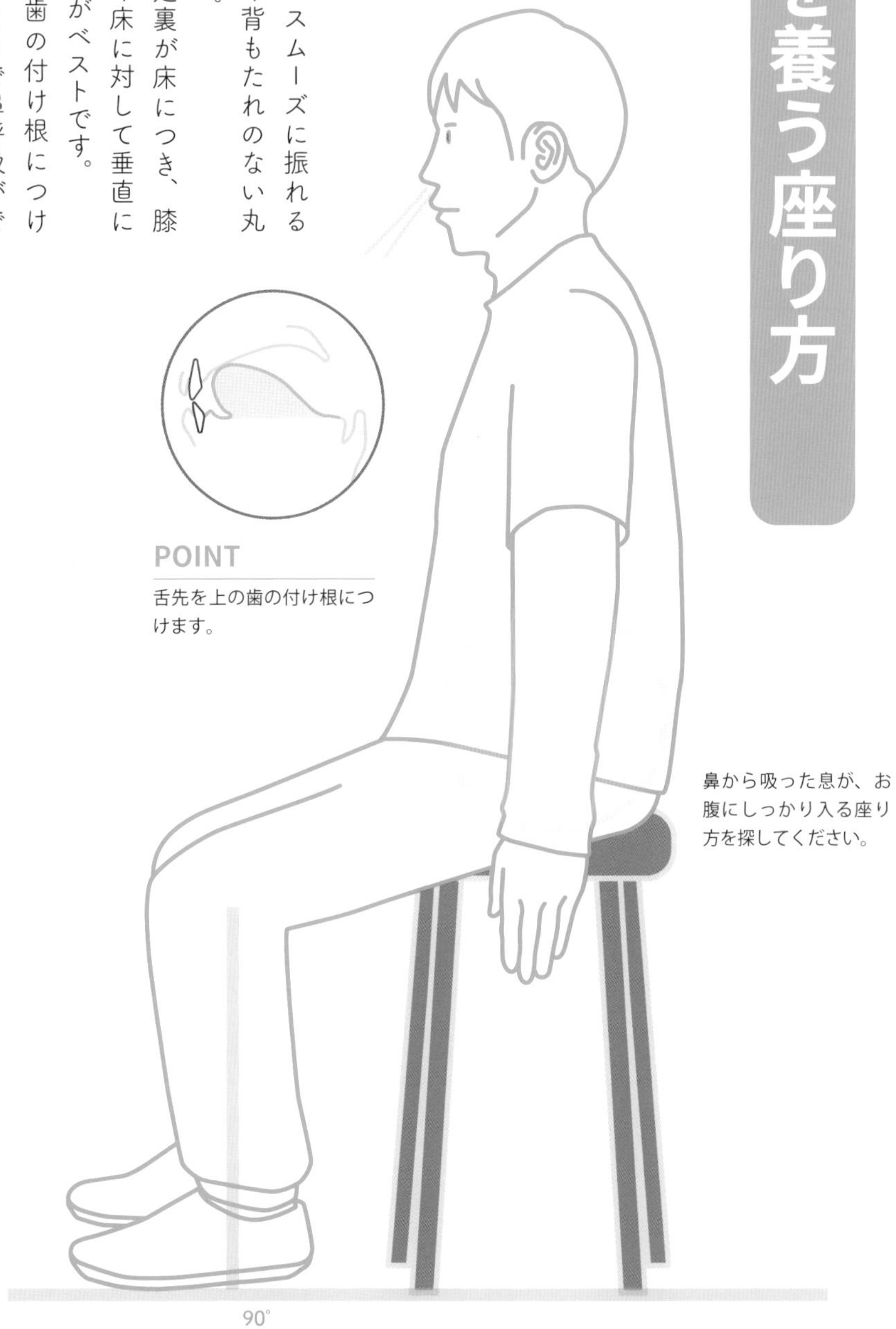
POINT
舌先を上の歯の付け根につけます。
鼻から吸った息が、お腹にしっかり入る座り方を探してください。
90°

身体に内圧が生まれます。数回鼻呼吸をして、お腹と腰に充実感があり、肩が楽になる舌の位置や力加減を探してみてください。

　大事なのは坐骨を意識して座ることです。また足先は必ず平行に揃えてください。

「舌の位置」や「肩腰の位置」「坐骨で座る」「足先を平行にする」など、一見するととても些細なことに思えますが、これらのポイントは内圧を身体に養う上でとても重要です。一つでも抜けていると、底が抜けた水瓶のように圧が抜けてしまうので注意してください。

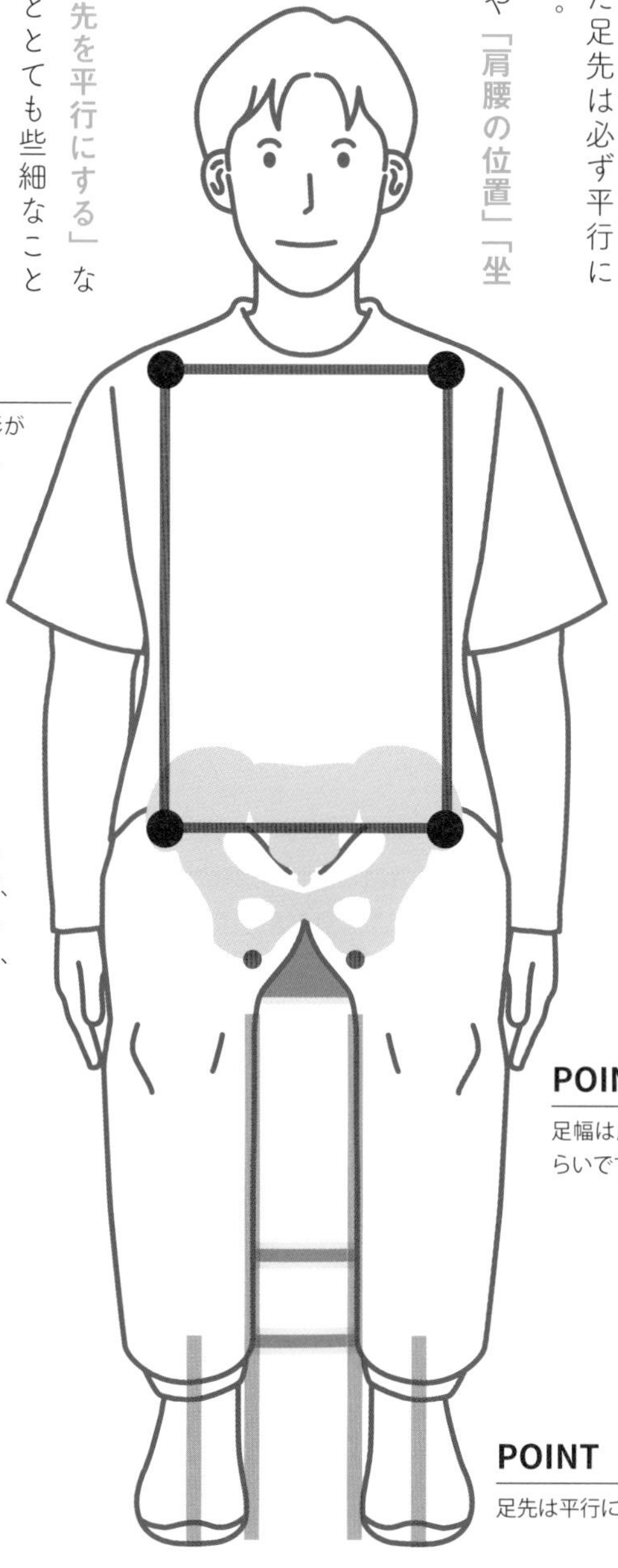

POINT

両肩と骨盤で長方形ができるイメージです。

坐骨とは私たちのお尻にある骨盤の下側にある部分で、この左右の骨を座面に対して立つようにして座ると、自然に姿勢が整います。

POINT

足幅は膝に拳を１つ挟むくらいです。

POINT

足先は平行に揃えます。

そのまま前後に身体をゆっくり揺らしてみましょう。動きのなかで一番坐骨に重さがかかるところを見つけて、徐々に揺れ幅を小さくしていきます。最後に頭の位置を調節して、坐骨から頭までが地面に対して垂直に座れていれば理想的です。うまく座れていると首や肩、腰に無駄な力が入らず、坐骨で座れている感じがするでしょう。

横から見た時に、**上顎、横隔膜、骨盤底、床が水平に揃い**、両手は肩からストンと真下にぶら下がり、身体の真ん中（側中面　106頁参照）にあればOKです。手は親指が体の正面、手のひらは身体に向け、中指を中心に指をまとめ、指先が地面に垂直に刺さっているイメージです。

この姿勢が身体に内圧を養い、揺腕を始める基本的なポジションとなります。

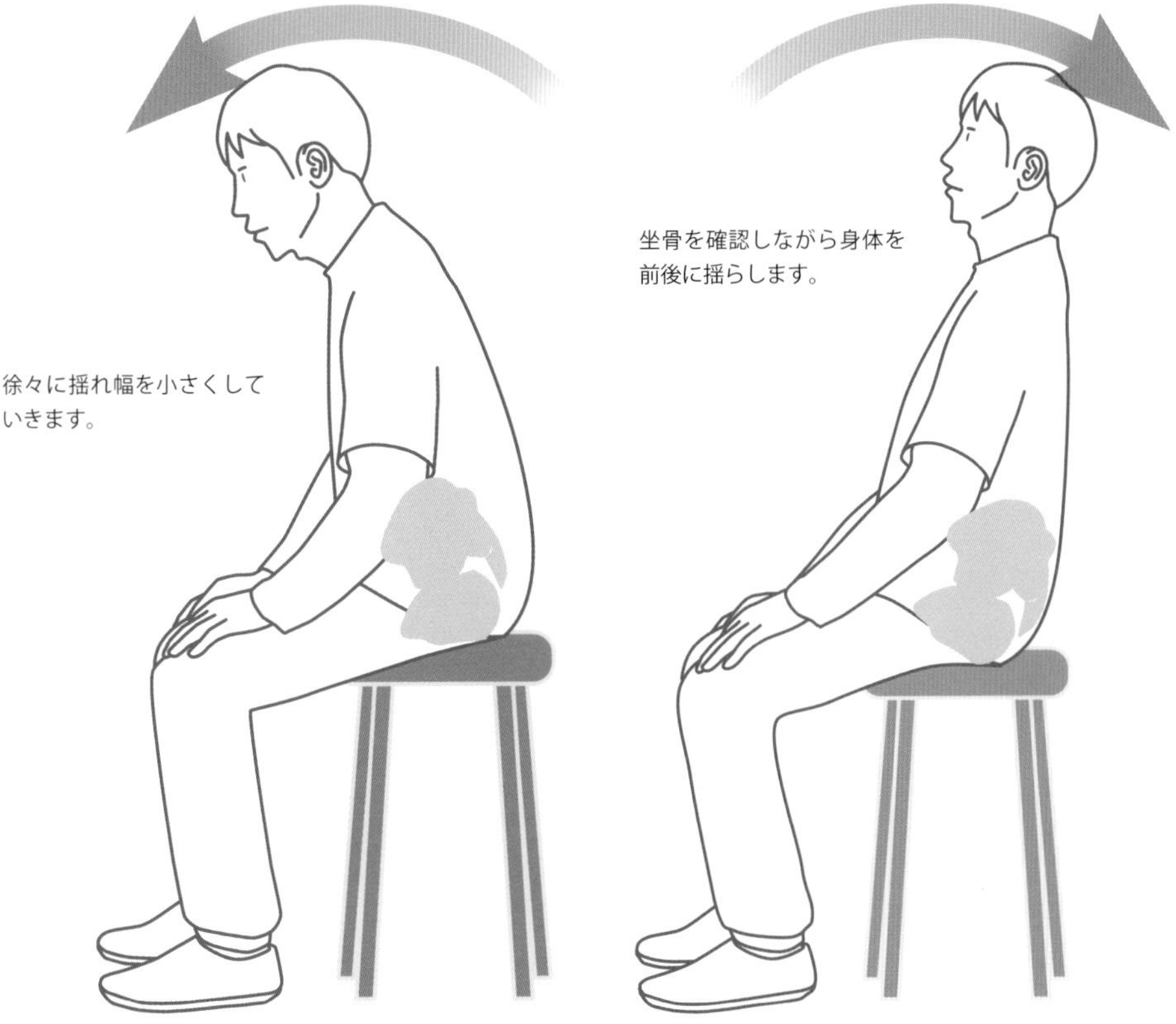
坐骨を確認しながら身体を
前後に揺らします。
徐々に揺れ幅を小さくして
いきます。

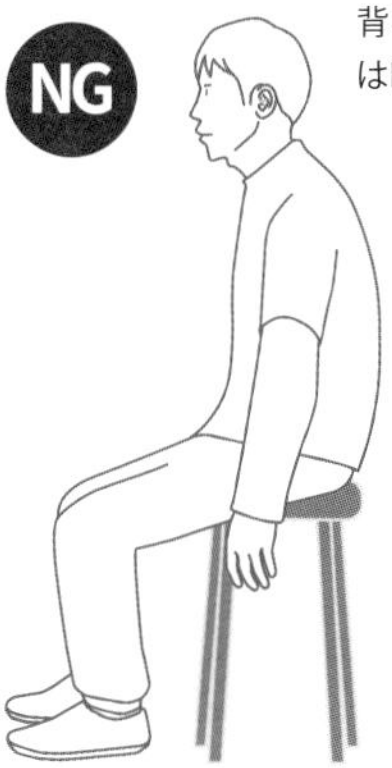

背中が丸まっているのはNGです。

横から見た時に耳、坐骨、中指が自然に揃うのが理想的です。
無理に合わせる必要はありません。
背中に弓のような張力があります。

目は少し遠くを見るように。
柔らかい表情を心がけてください。

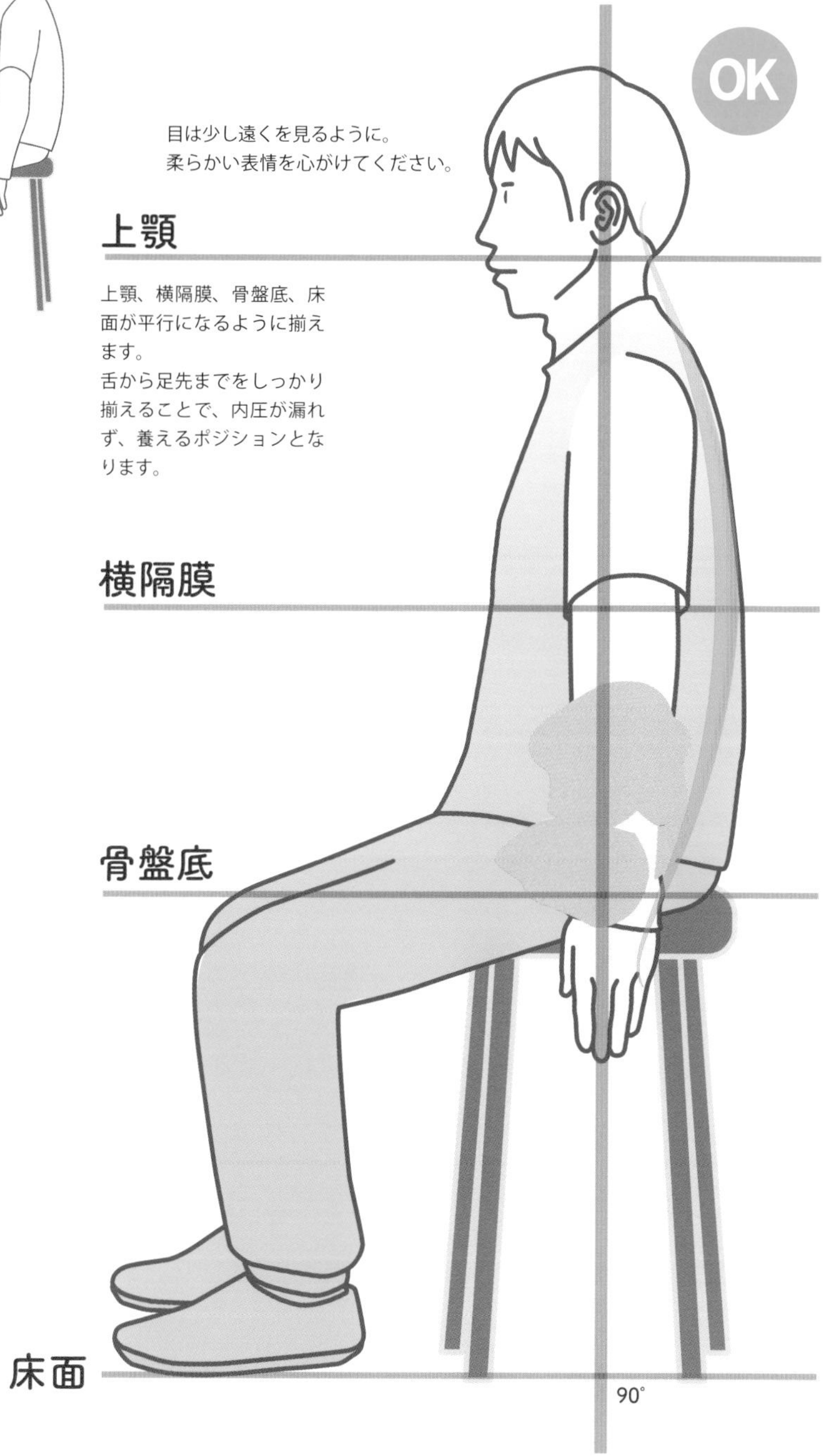

上顎、横隔膜、骨盤底、床面が平行になるように揃えます。
舌から足先までをしっかり揃えることで、内圧が漏れず、養えるポジションとなります。

素手の揺腕と物（小笏《こしゃく》）を使った揺腕

揺腕は小笏《こしゃく》と呼ばれる物を手の指に挟んだ方法と、手に何も持たない素手で行う方法があります。どちらも行う運動自体は同じなのですが、小笏を指に挟んだ方が基準性が養いやすく、内圧も安定しやすいという利点があります。そこで、ここではまず小笏を挟んだ方法から紹介していきましょう。

小笏を使った揺腕

小笏について

ここでいう「小笏」とは私が作った造語で、短い平らの木の棒です。こう言葉にするとなにか特別なもののようですが、ごく簡単にいえば少し太めのアイスキャンディーの棒です（笑）。実際、ネットで「アイス　棒」で検索すると出てきます。これを左右の手の指に一本ずつ挟んで行います。ご家庭で見当たらない場合は、アイスを２つ食べてもよいですし、１００円ショップでも「木製スティック」という商品名で50

～60本入りのものが販売されています。また手近にある割り箸や15～30センチの定規でも構いません。割り箸で紙袋に入っているものの場合は、そのまま袋から出さずに使ってもよいでしょう。できるだけ平らなものが理想ですが、どうしてもない場合は鉛筆でも構いません。いずれにしろ左右の長さや重さが同じくらいのもので行ってください。なお本書では便宜上、こうした全てを含めて「小笏」という名前で説明させていただきます。

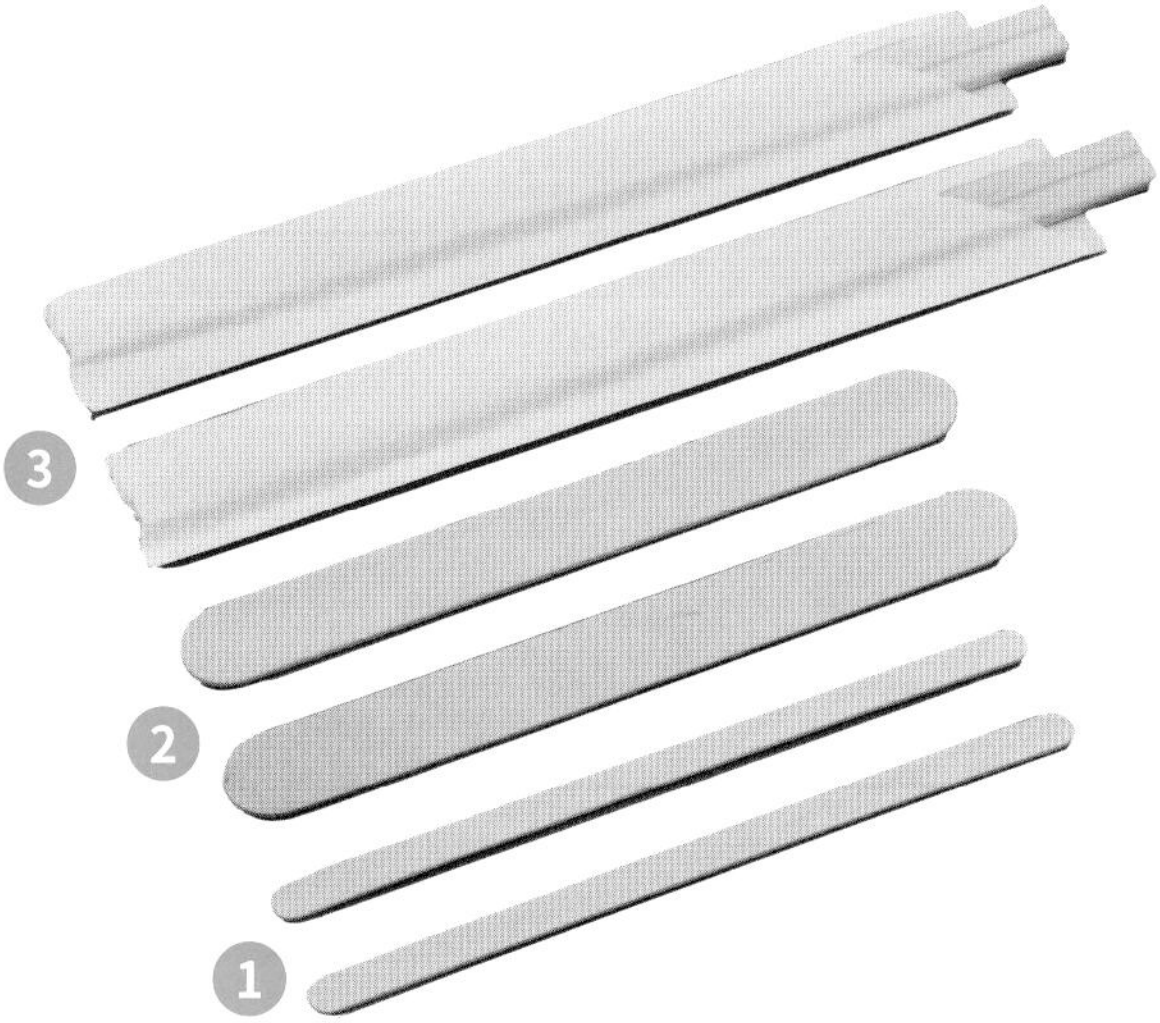

揺腕で使う小笏です。撮影で使ったのは②のものを赤く塗ったもので、長さが15センチ弱、幅は15ミリ、厚さは1.5ミリくらいのものです。
①は100円ショップで販売されているマドラー、③は一般的な割り箸です。平らで薄く指先で挟めるものであればOKです。

小笏の挟み方

基本的に中指と人差し指・薬指の間に挟みます。

あまり深く差し込まず、人差し指から薬指までは第2関節の前後で、小指は軽く引っかかる程度で挟みます。

小笏を挟んだまま腕を肩の高さに上げた時に、横から見て小笏が腕の真ん中を通っているようにします。このラインを腕中面《わんちゅうめん》と呼びます。（106頁参照）

小笏を挟むコツは上下に挟み込もうとせず、指先を伸ばす力で抑え挟むことです。力のベクトルとしては、小笏を挟もうとしてそこで止まってしまうのではなく、指の先から伸び続けているイメージです。ですからギュッと挟むので

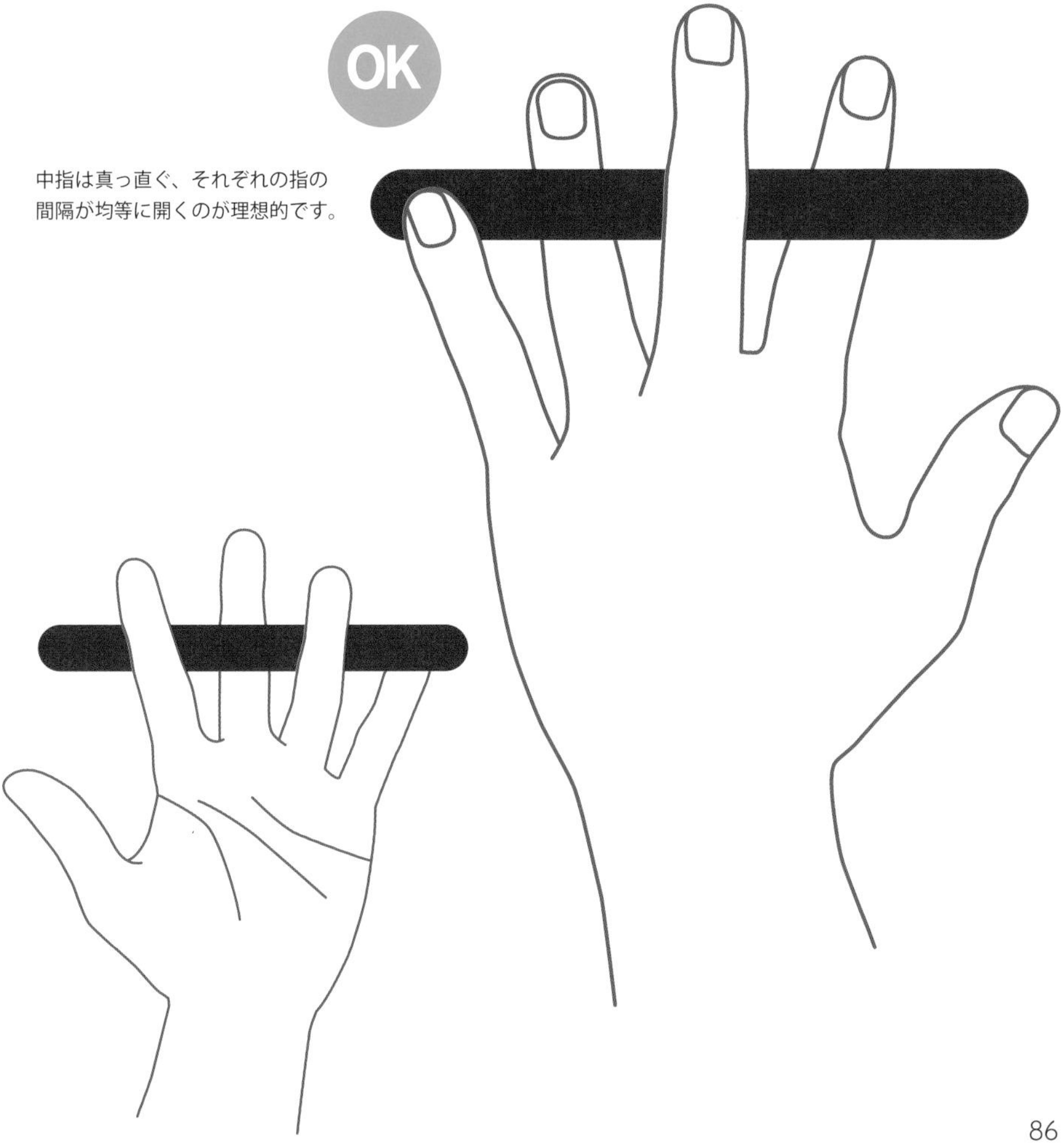

中指は真っ直ぐ、それぞれの指の間隔が均等に開くのが理想的です。

はなく、しっとりとした、ソフトな指の圧力で挟みます。

この小笏を挟む圧力がとても大事です。理由はこの指の力が、身体に基準性を育むために必要な内圧を生み出し、運動にする起点になるからです。

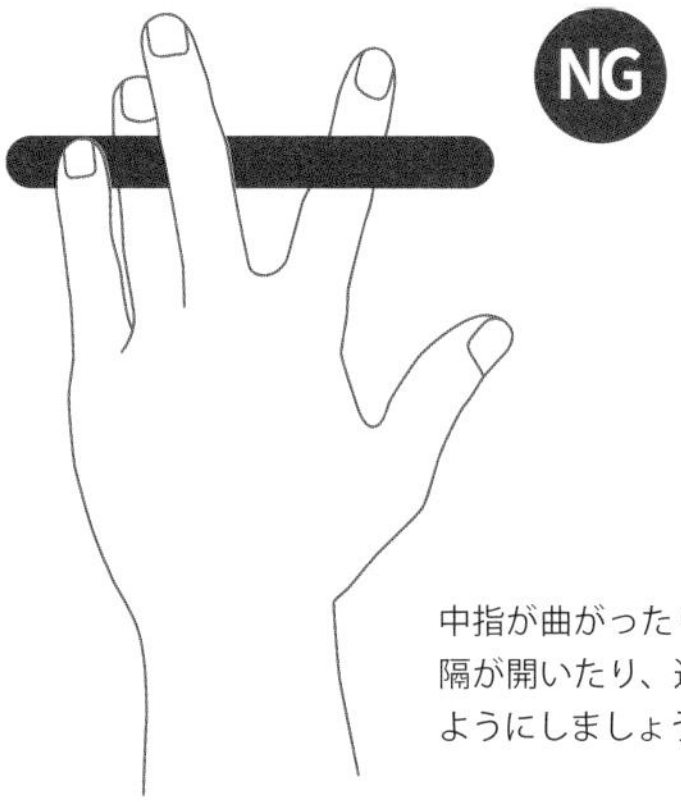

中指が曲がったり、他の指との間隔が開いたり、近づいたりしないようにしましょう。

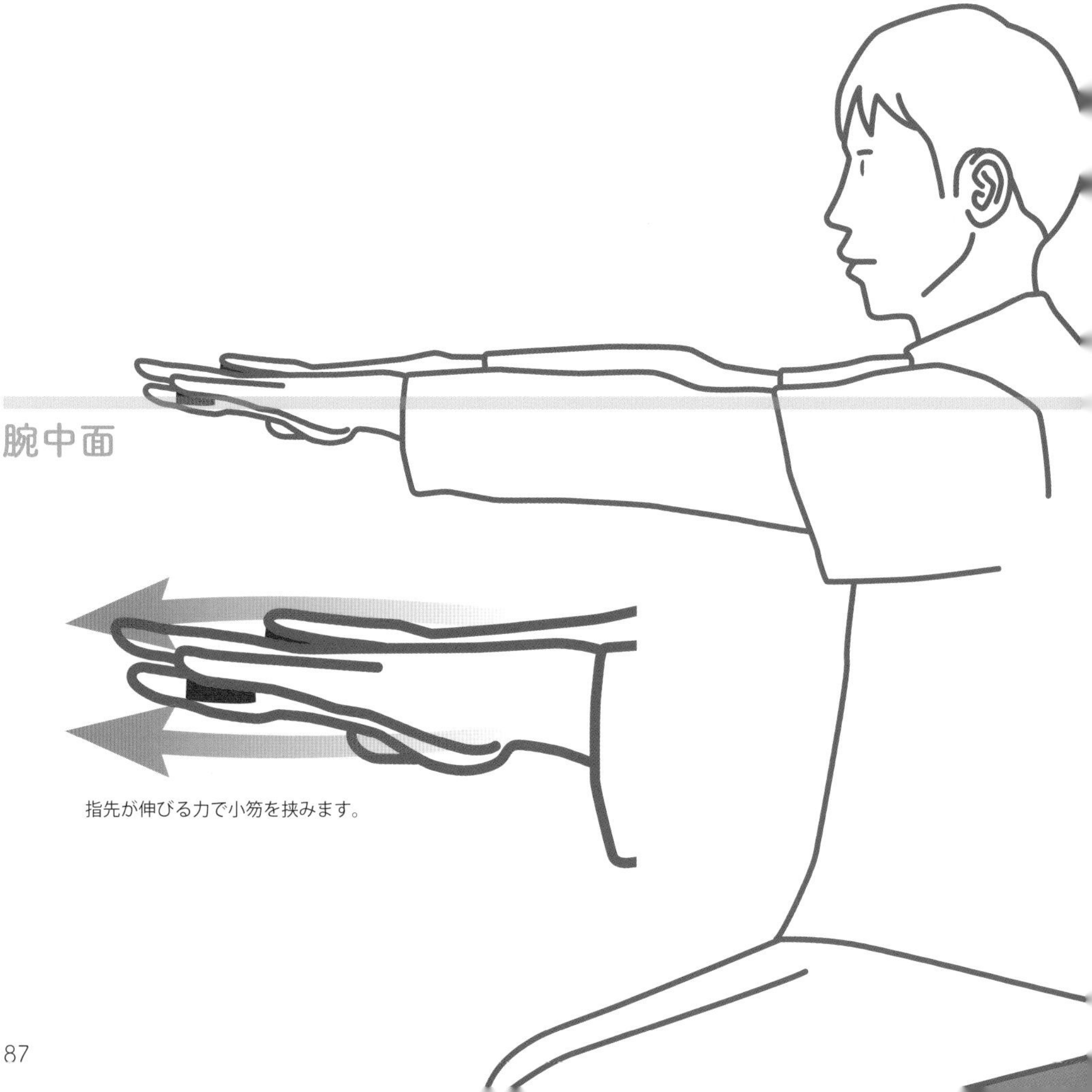

指先が伸びる力で小笏を挟みます。

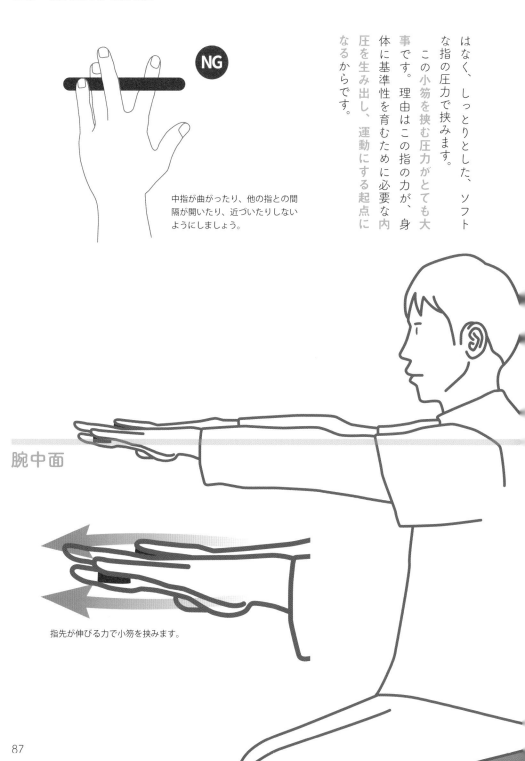

小筋を使った揺腕

左右同時の揺腕

①手のスタートの位置は肩から真っ直ぐ腕が降りて、**中指が床に対して90度の垂直に、小筋が床に対して平行に揃っている位置**です。

横から見た時に、先ほどの上顎、横隔膜、骨盤底、床に加えて小筋が水平に揃っているイメージです。ここから腕を振っていきます。

②左右の小筋を平行に揃えたまま、軽く両腕を後ろに引いて腕を振り始めます。この時に腕の力を抜き、腕の重さで自然に振るイメージです。

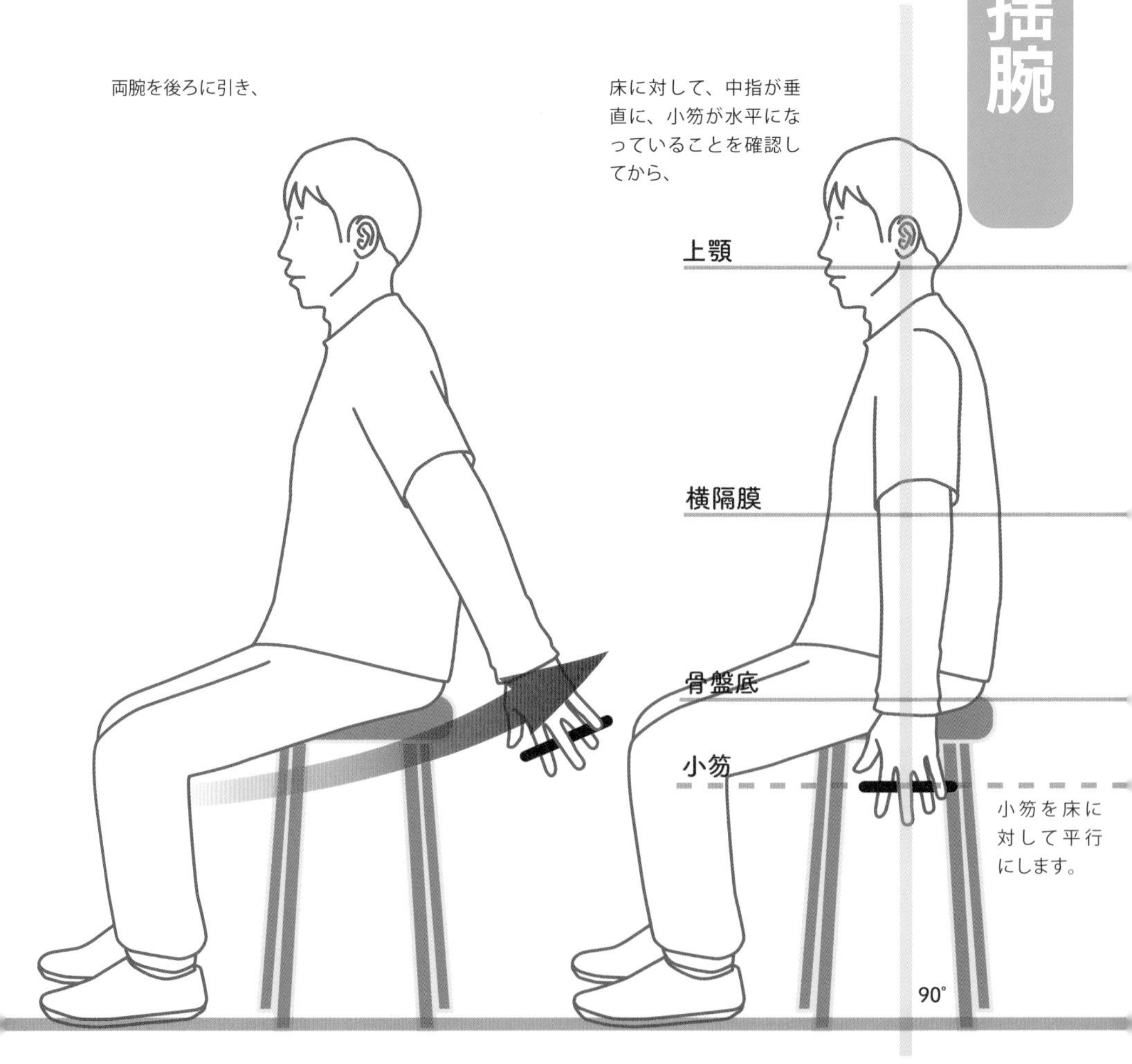
両腕を後ろに引き、
床に対して、中指が垂直に、小筋が水平になっていることを確認してから、
上顎
横隔膜
骨盤底
小筋
小筋を床に対して平行にします。
90°

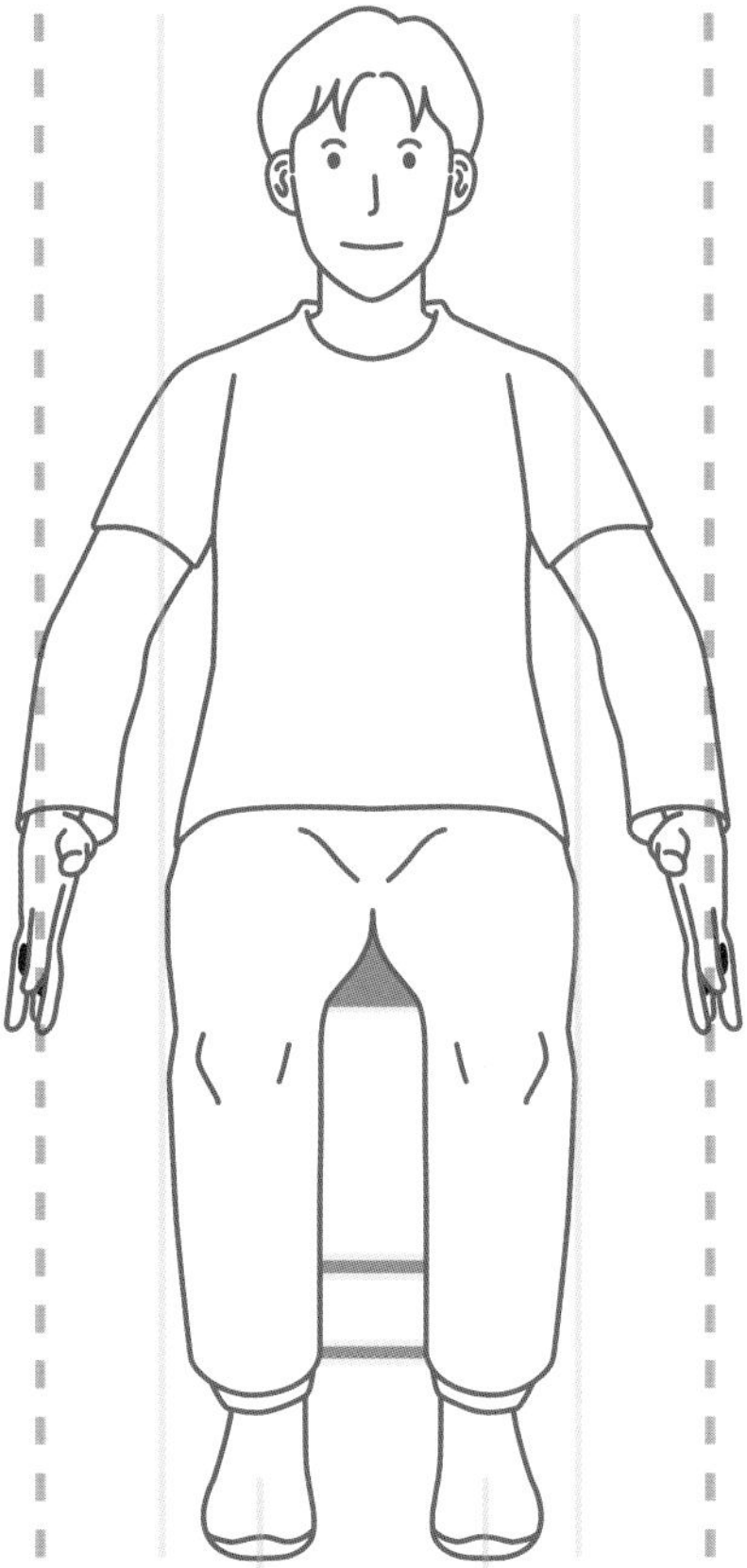

手のひらは身体から拳
１つ分離れた位置から
始めます。

足先を平行に揃えるの
が重要です。

前に振ります。頭はで
きるだけ動かないよう
にしましょう。
視点は少し遠くに置き
ます。眉間にシワを寄
せた難しい顔はしない
で、にこやかにできる
のが理想的です。

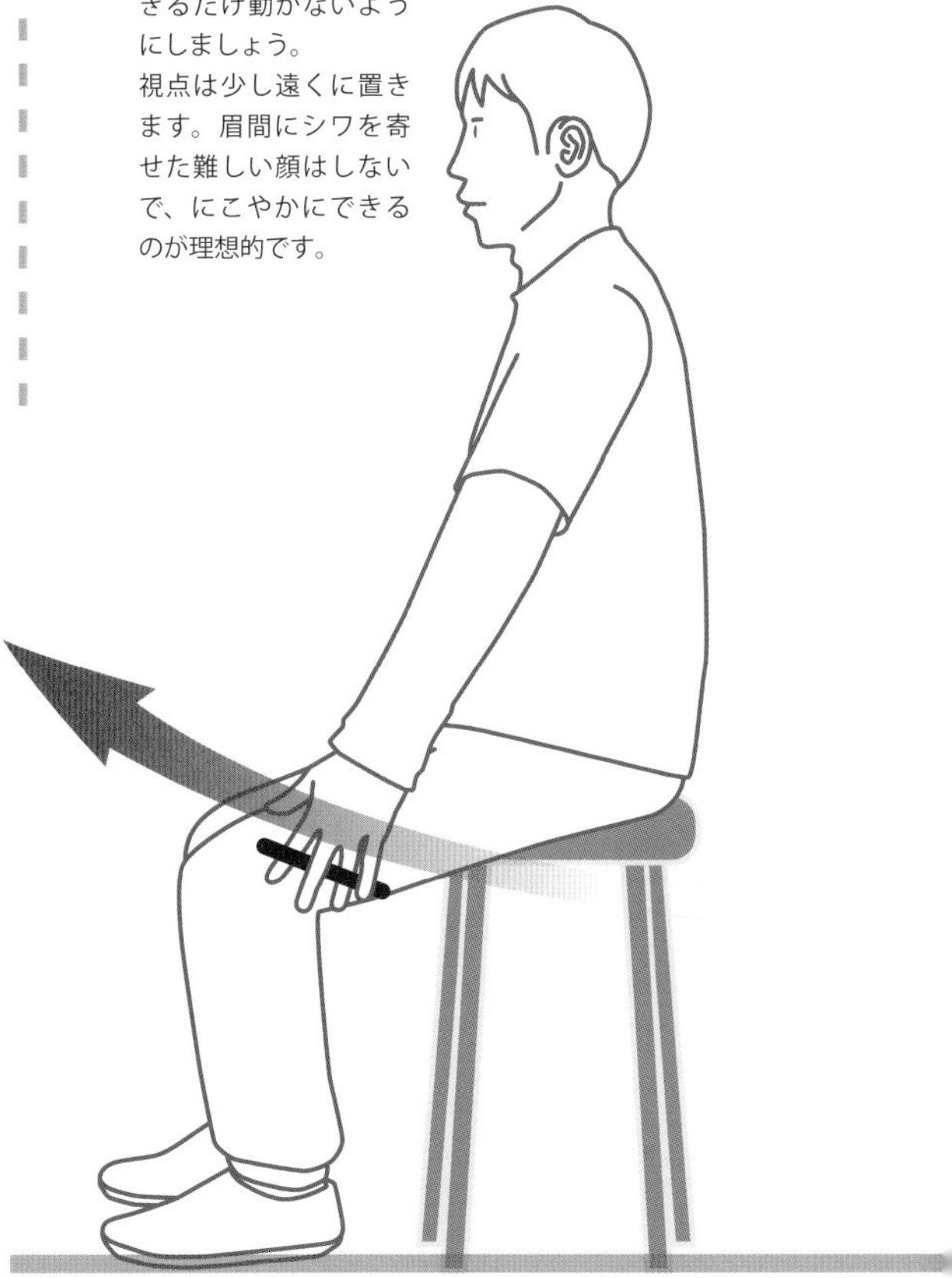

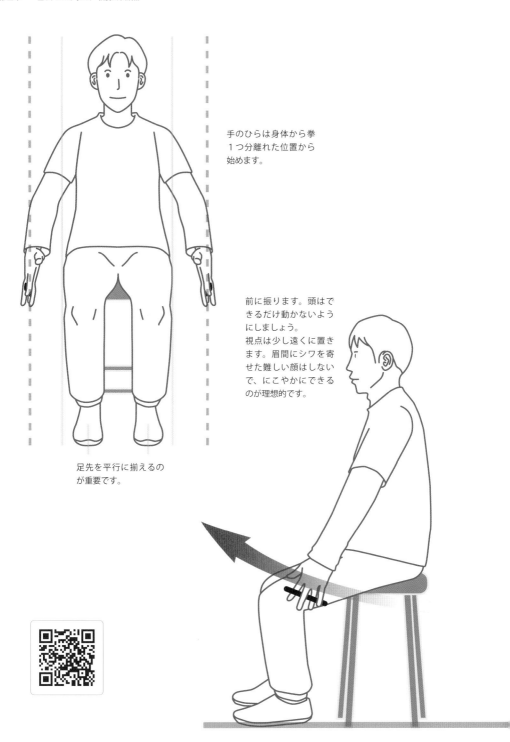

③横から見た時に、後ろの振り幅と前の**振り幅が均等**になるようにします。無理をして振り幅を大きくする必要はありません。また腕が真下にきた時は、腕が身体の横の中心（側中面《そくちゅうめん》）に合うようにします。（106頁参照）

④前から見た時に、左右の手の軌道が真っ直ぐ、**2本のレールを前後している**ように振ります。小筋の先がハの字に開いたり、閉じた

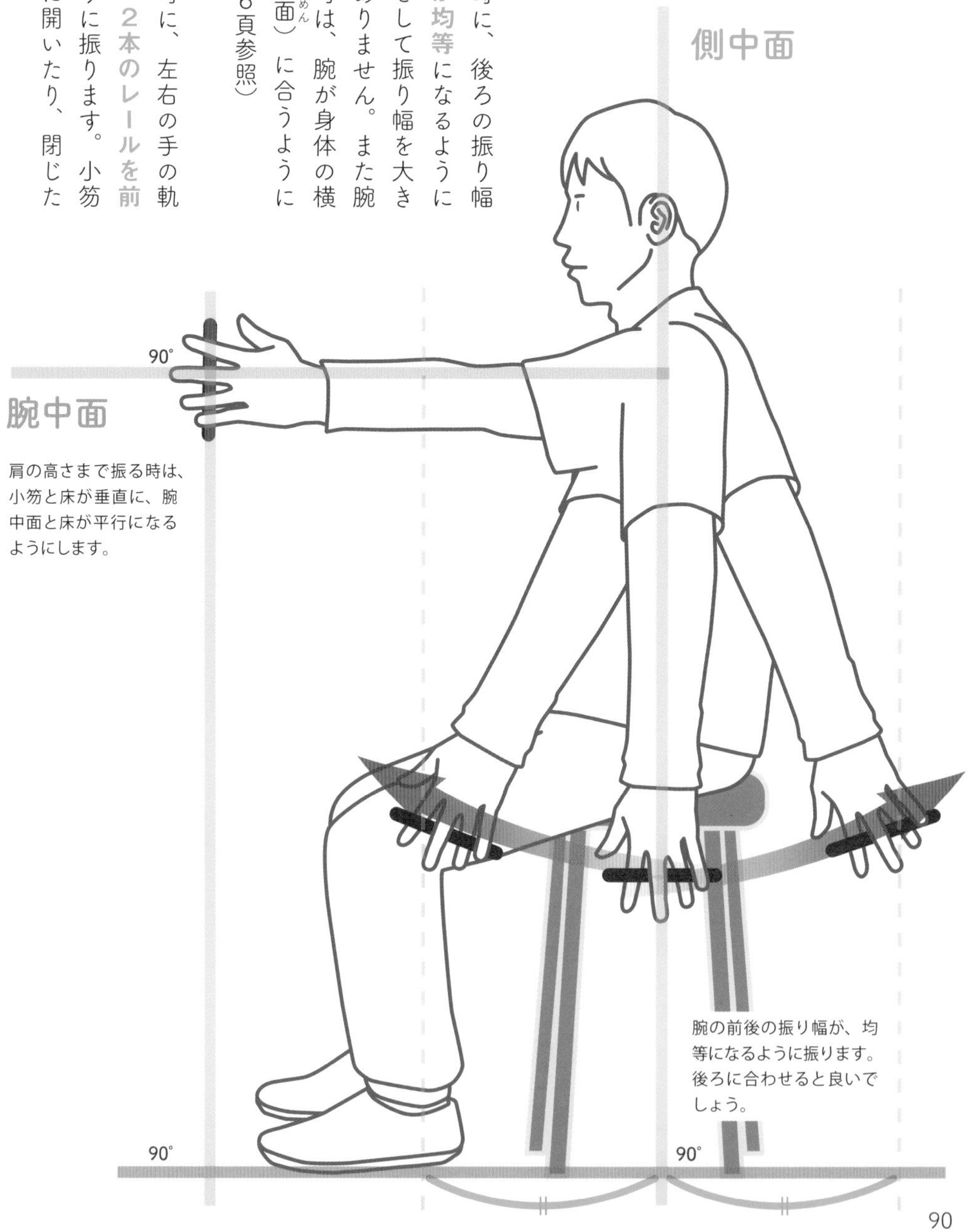
側中面
腕中面
90°
肩の高さまで振る時は、小筋と床が垂直に、腕中面と床が平行になるようにします。
腕の前後の振り幅が、均等になるように振ります。後ろに合わせると良いでしょう。
90°
90°

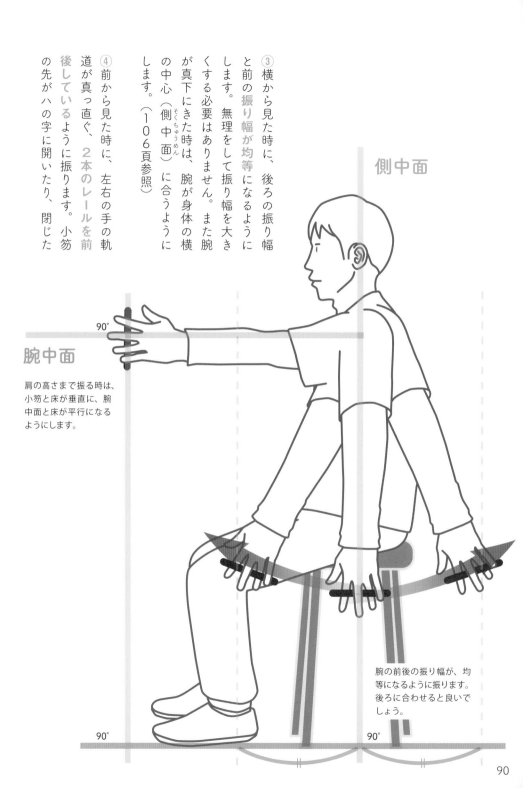

りしないように注意してください。ズレがある時には、動きを止めずに、動きのなかで調節します。小笏の向きを調節する時には、手首ではなく、腕全体で行います。

　慣れてきたら腕を肩の高さまで上げても良いでしょう。この時に小笏が床に対して垂直になるようにします。垂直の小笏が水平に変化するのを味わいます。

⑤身体は腕の動きにつられて前後にできるだけ動かさず、真っ直ぐを保ちます。**両肩と腰の両側を結んだ長方形が崩れないように行います。**胴体の四隅である両肩、腰の関係を垂直・水平に揃えることで、胴体というフレーム全体が整います。終わる時は、だんだんと振り幅を小さくしていきましょう。立ち上がる時も運動で感じた平行性を意識してみてください。

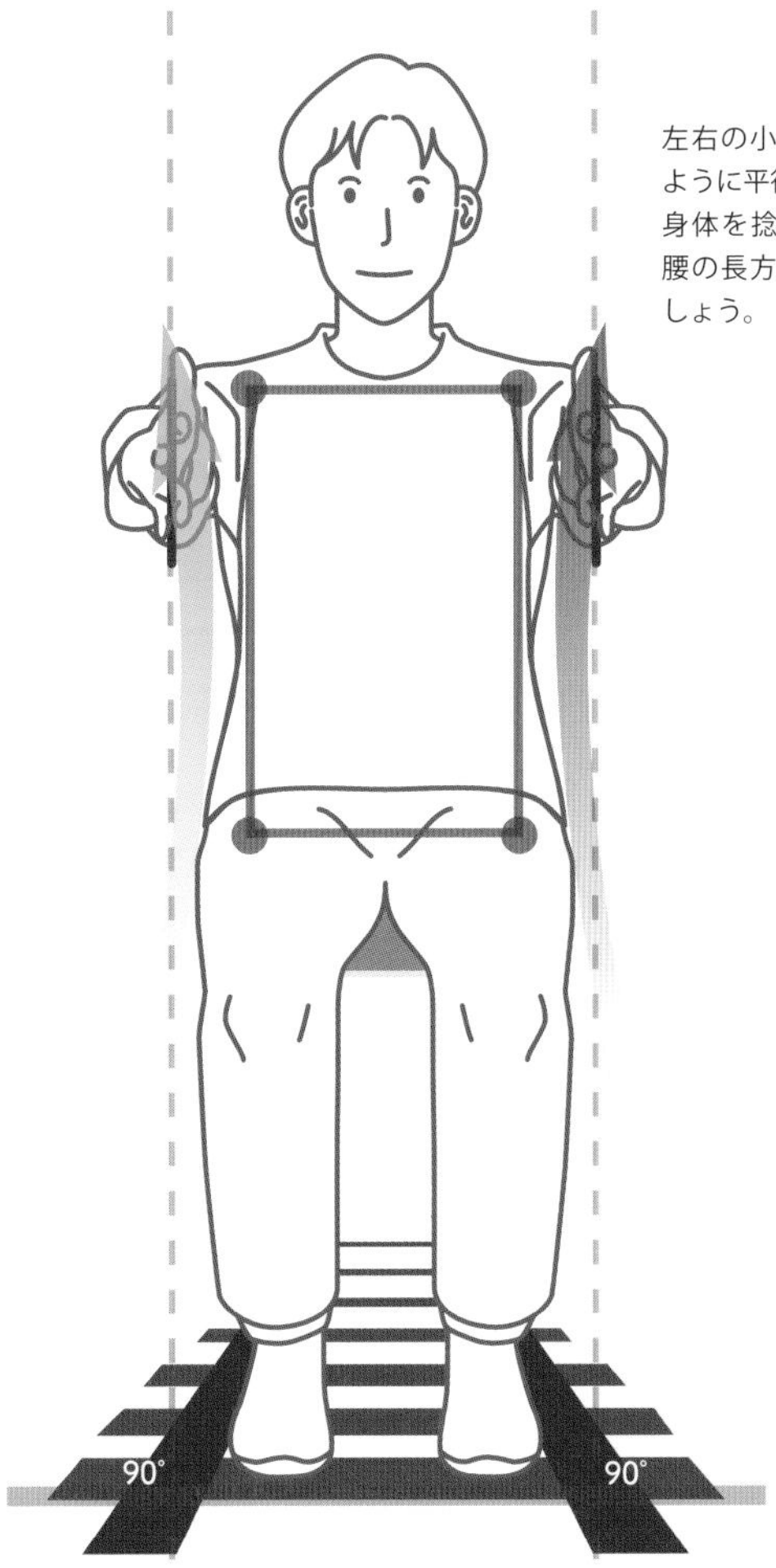

左右の小笏をレールのように平行に振ります。身体を捻らず、両肩と腰の長方形を意識しましょう。

慣れないうちは、小笏を挟んだまま腕を振るのが難しいかもしれません。ですがこの小笏を挟むことで生まれる指と手の内の内圧と、腹圧で作られる腰腹の内圧が、繋がった身体を育むためにとても大事です。続けるうちに、左右の中指、中指から腰までなどが線で結ばれた感覚が出てきたら良い兆候です。こうした感覚はとても微細なものですので、最初は勘違いのようにも思えますが、実はこうした稽古では勘違いも大事です。少しずつ身体のなかに生まれてくる感覚を育んでください。

また、振っている腕が側中面にきた時に、頭から坐骨までを結ぶ線と重なり、鉛直方向に圧が感じられたら垂直軸が揃っている兆しです。

揺腕を続ける上でのポイントは、指の内圧を保ちつつ腕を動かし続けながら注意点を可能な限り厳密に守ることです。

いかがでしょうか？　意外に思うようにできず、小笏を保てなくなったり、腕に力が入ってしまったり、前後で動きに違いがあったりするのではないでしょうか。

実際の腕の動きを、空間のなかで立体的なイメージに結びつけても良いでしょう。上から見た時にはレールのような軌道で前後に振っている腕ですが、立体的に捉える繰り返すことで、左右の腕が作る面（体側面 106頁）が自分の身体の幅だという間隔が育まれていきます。

自分の身体のサイズを、数字ではなく、実感として持つことで、相手との距離感などが正確になってきます。

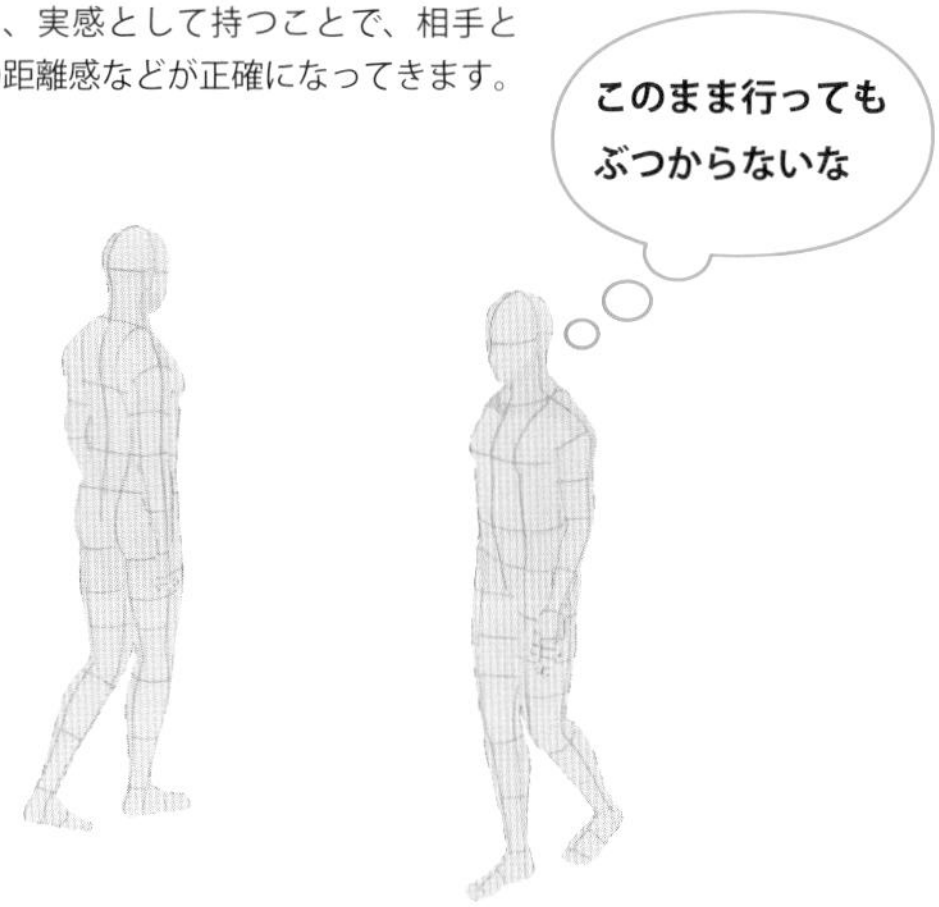

と身体を左右から挟む面のようにもイメージできます。そう考えると、腕を振っている主体である身体が、逆に腕が作る左右の壁の間に収まっているようにも思えます。これは車を運転する時の車両感覚に似ているかもしれません。車に乗る人は、自然に自分が運転している車のサイズを把握して、カーブで内側を巻き込まずに曲がったり、狭い道でもぶつからずに他車とすれ違ったり、駐車場で車を止めたりしているはずです（私自身は車を運転しないのですが）。同じように自分の身体の幅や前後の空間が把握できるようになると、動きに安定感が生まれ、空間感覚が明確になります。

また面性を意識すると、自然に末端の手首で調節しようとはせず、腕全体で方向を揃える意識が強くなるでしょう。これはとても大事な感覚です。

小笏を水平に振る揺腕

次に行うのは指先で挟んでいる小笏を、床に対して常に水平に振る方法です。

横から見ればわかりますが、これまでの小笏の軌道は円弧《えんこ》を描いていましたが、今度は水平のまま、ほぼ直線になるように動かすわけです。この時に中指は常に床に対して垂直に向かい続けることになります。そのためには腕全体を撓《たわ》ませて調節しつつ、振る必要があります。

実際に試してみると、左右のレール感が強くなり、さらに前後へと伸びていく感覚が出てくるでしょう。またこれまで腕が身体の真横にきていた時に感じていた床に突き刺さるような垂直性が、前後

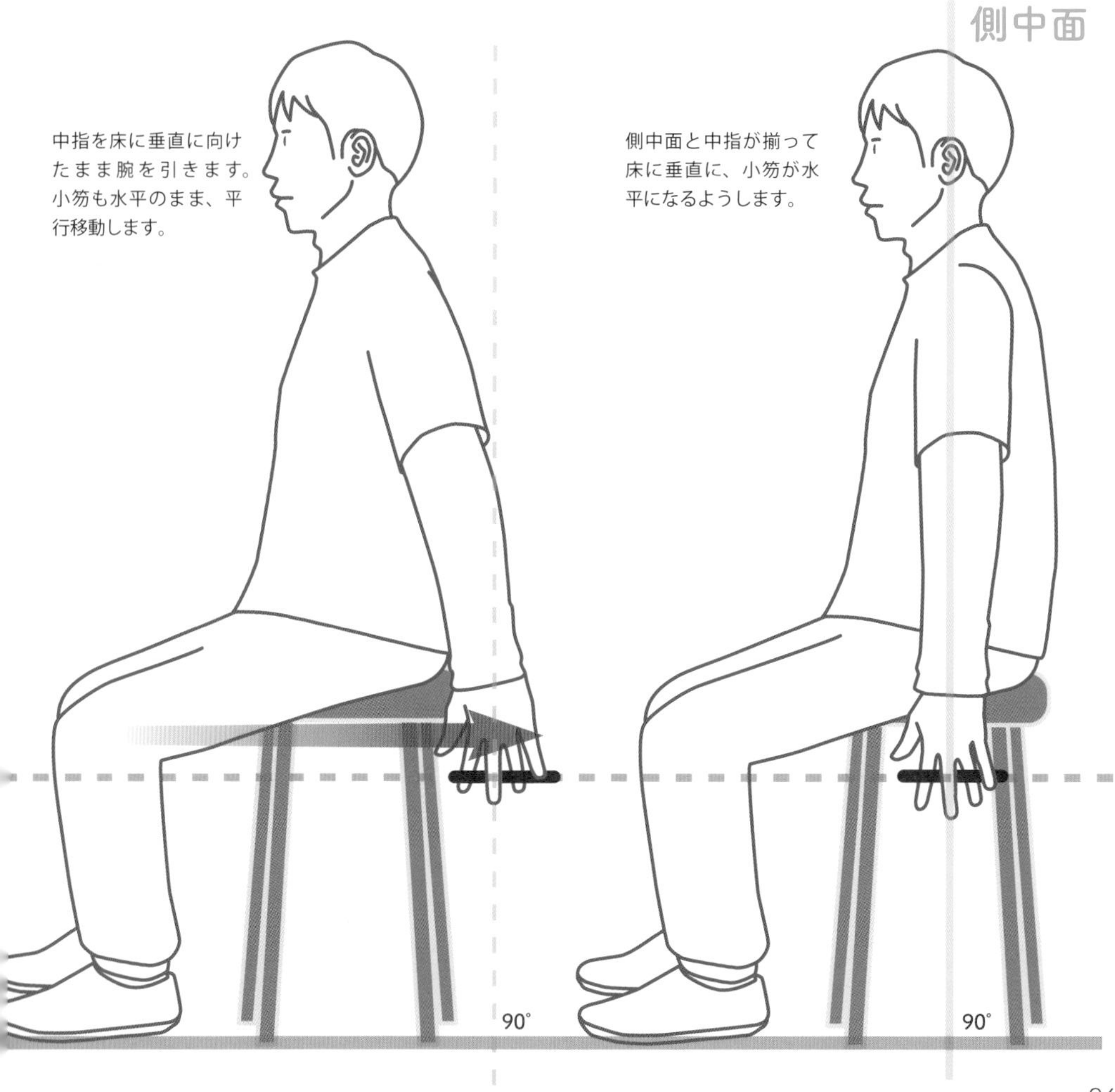
側中面
側中面と中指が揃って床に垂直に、小笏が水平になるようします。
中指を床に垂直に向けたまま腕を引きます。小笏も水平のまま、平行移動します。
90°
90°

への運動のなかでも持続して感じられるかもしれません。

このあたりの感覚的なお話は、いまは感じられなくても気にしないでください。この後の説明のなかでも時々「こうした感覚が出てくるでしょう」という書き方が登場しますが、同様に考えていただければと思います。続けるうちにそうした感じが出てくる時がきますので、将来への道標としておいていただければ十分です。

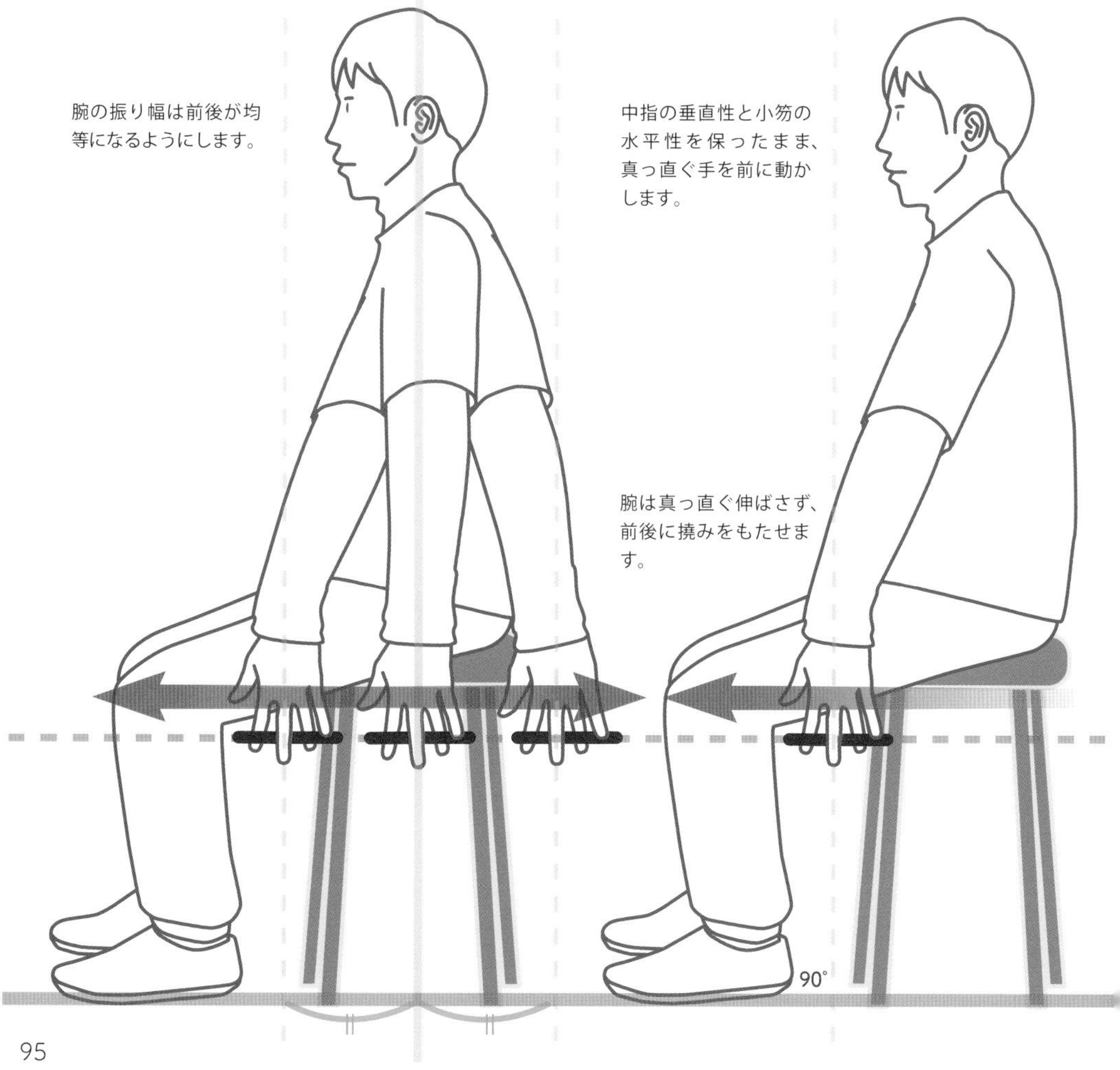
腕の振り幅は前後が均等になるようにします。
中指の垂直性と小筋の水平性を保ったまま、真っ直ぐ手を前に動かします。
腕は真っ直ぐ伸ばさず、前後に撓みをもたせます。
90°

左右交互に腕を振る揺腕

今度は左右の腕を交互に動かします。日常生活で歩いたり走ったりしている時に自然にやっている腕の振りですね。

左右交互の揺腕

注意してほしいポイントは、基本的には左右一緒に振る揺腕と同じです。ただ腕を交互に振る動きでは、自然に身体を左右に捻る動きが出てくると思います。これは自然な反応です。ただあまり大きくならないように、**両肩と腰の長方形が崩れない範囲に抑えてくだ**

普段歩いている時に腕を自然に振っている感覚です。

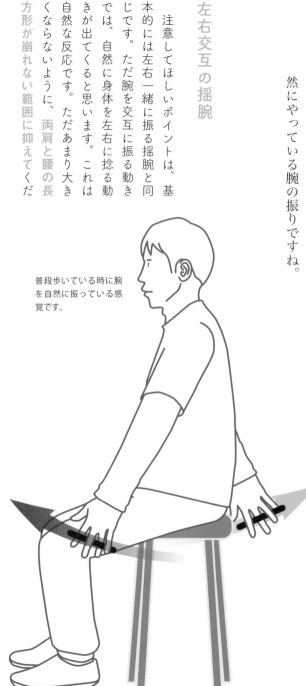

さい。

長方形を守るなかで、72頁で紹介した水の入ったコップのように、次第に渦的な対流が身体のなかで生まれてくるのを感じてください。

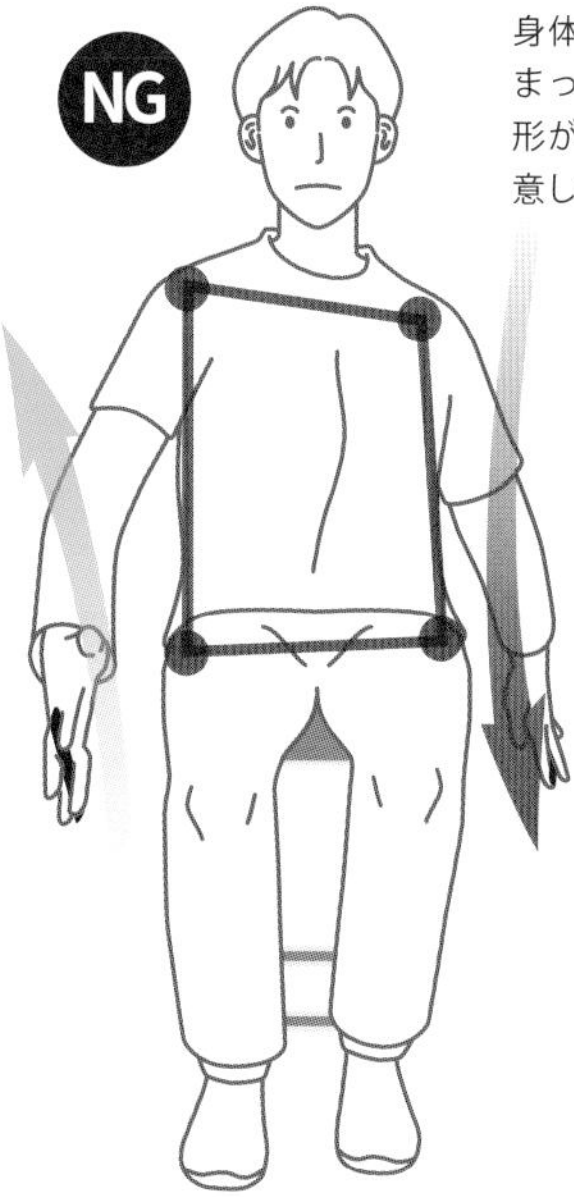

身体を大きく捻ってしまって両肩と腰の長方形が崩れないように注意してください。

身体を大きく捻らないように、前後の振り幅を均等にします。

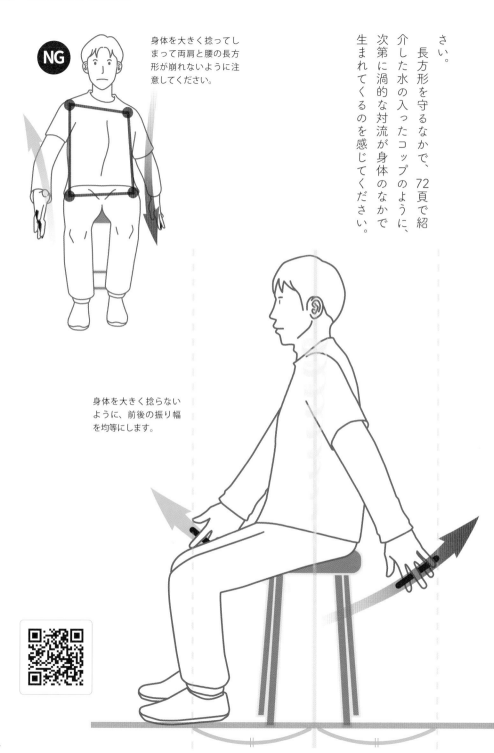

これも円弧や平行を意識して行います。慣れてきたら手を肩の高さまで上げても良いでしょう。その時に、小笏が垂直になるようにします。それにより自然に垂直軸が整ってきます。

回数や時間について

よく「一日に何回、何時間くらいやれば良いのですか？」と聞かれますが、私はいつも「**好きなだけ**」と答えています。これは揺腕全般にいえることですが、気分の良いままに行っていただければと思います。逆に続けるうちになにか身体に無理な負担が掛かったり、気分が悪くなったりしたら、それはどこかが間違っているからです。その時は、一旦やめて、もう一度動きを見直してみてください。

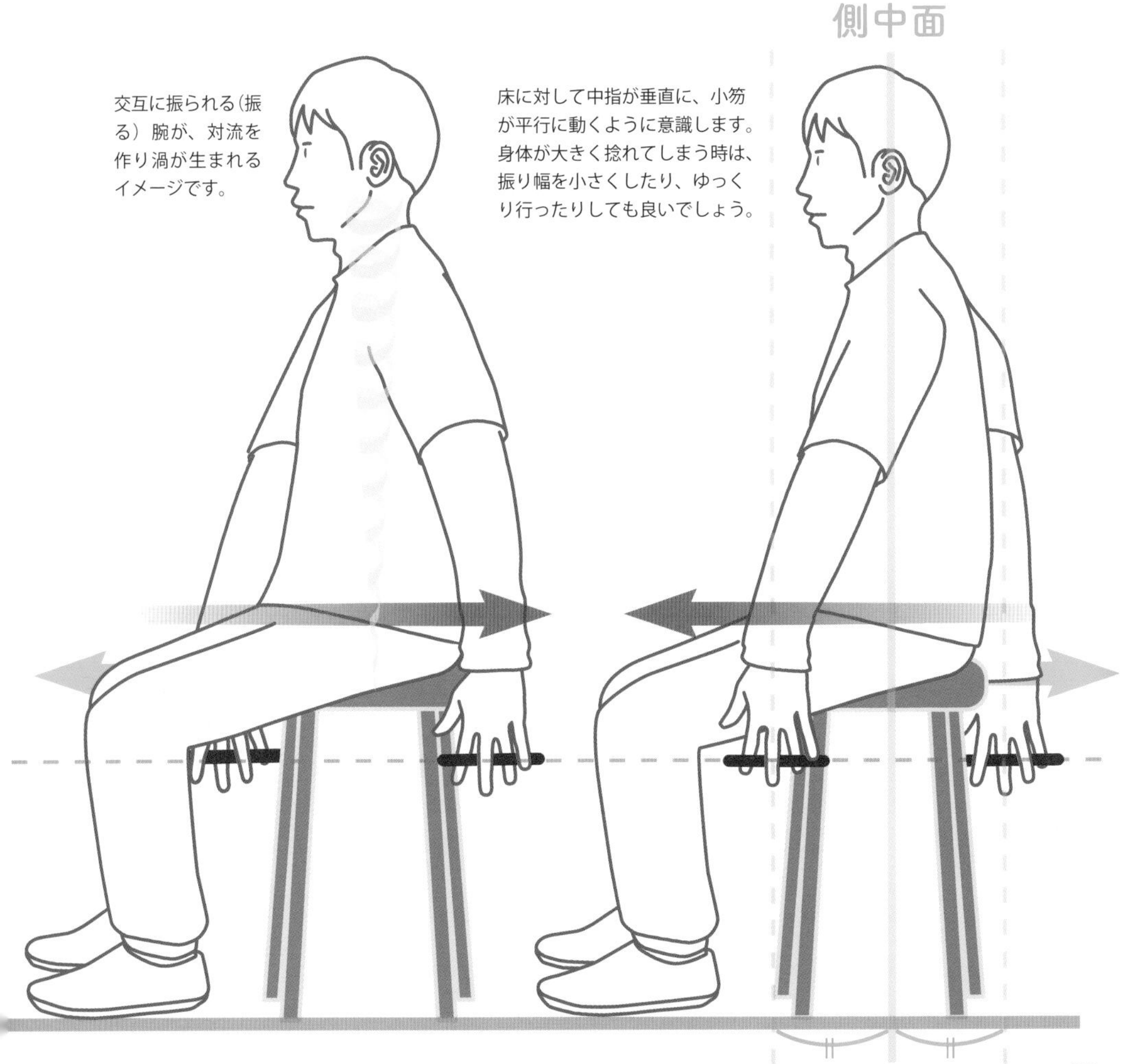
側中面
交互に振られる（振る）腕が、対流を作り渦が生まれるイメージです。
床に対して中指が垂直に、小笏が平行に動くように意識します。身体が大きく捻れてしまう時は、振り幅を小さくしたり、ゆっくり行ったりしても良いでしょう。

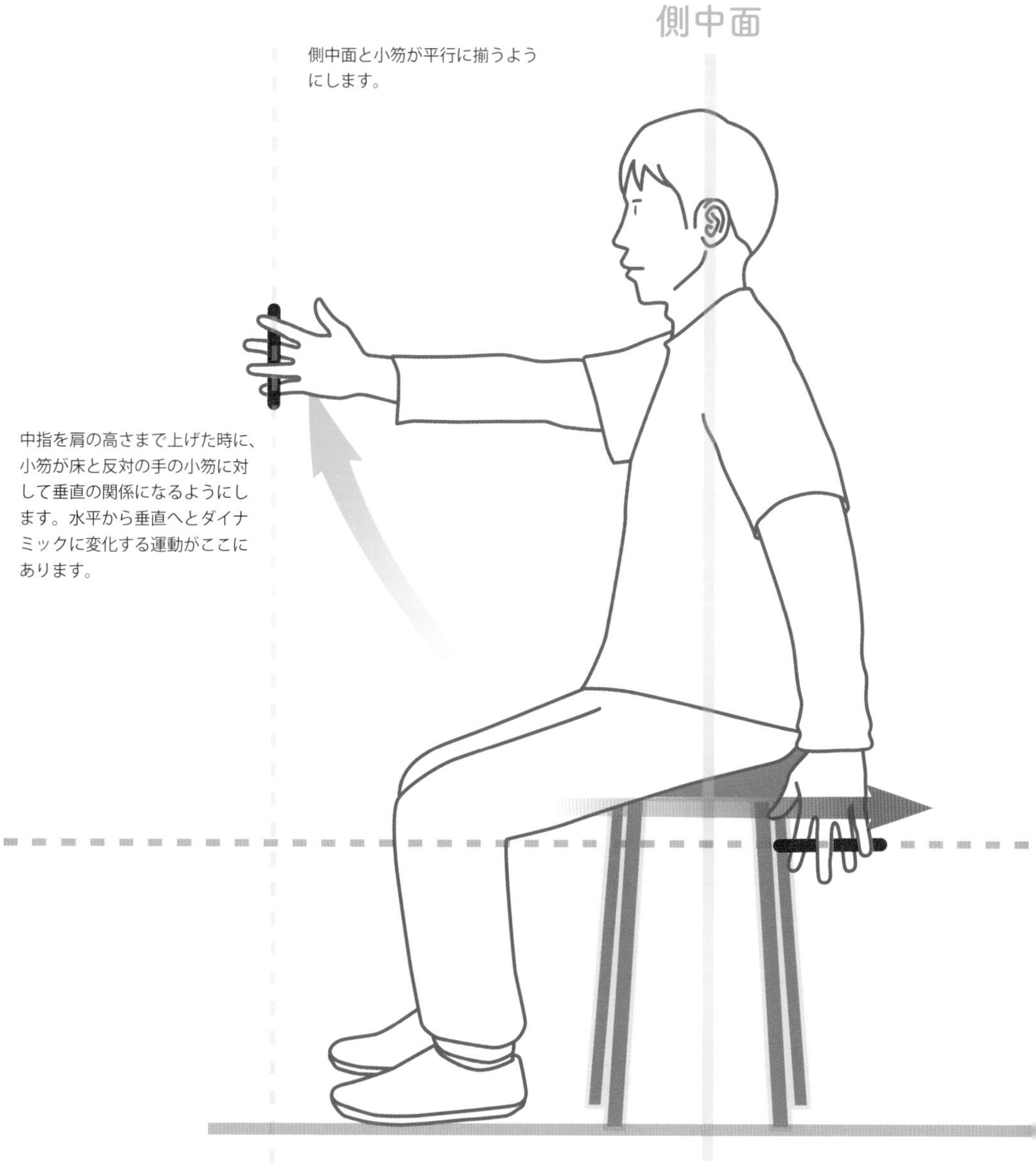
側中面
側中面と小笏が平行に揃うようにします。
中指を肩の高さまで上げた時に、小笏が床と反対の手の小笏に対して垂直の関係になるようにします。水平から垂直へとダイナミックに変化する運動がここにあります。

「正中軸《せいちゅうじく》」が現れる？

今度はどうでしょうか？　先ほどとはまた違うはずです。続けるうちにもしかすると両腕の間、身体の中心に、左右の腕を振ることで生まれた渦のような感覚が感じられたかもしれません。

それこそが**あなた自身の身体の動きから生まれてきた中心軸、揺腕や刀禅でいう正《せい》中軸《ちゅうじく》です。**（106〜107頁参照）

「え、それでいいの？」

と思う方もいらっしゃるでしょう。「それで、いいのだ」なのです。

とはいえほとんどの方はそれを感じられないか、感じたとしてもその感覚は、本当にか弱く、腕が止まれば雲散霧消してしまうようなものだと思います。その感覚を少しずつ育てていくためには繰り返すしかありません。ただただ腕を振る、それだけです。

「なにも感じられないんだけど……」

という方もいらっしゃると思います。安心してください、それが普通です。いま試み

正中軸

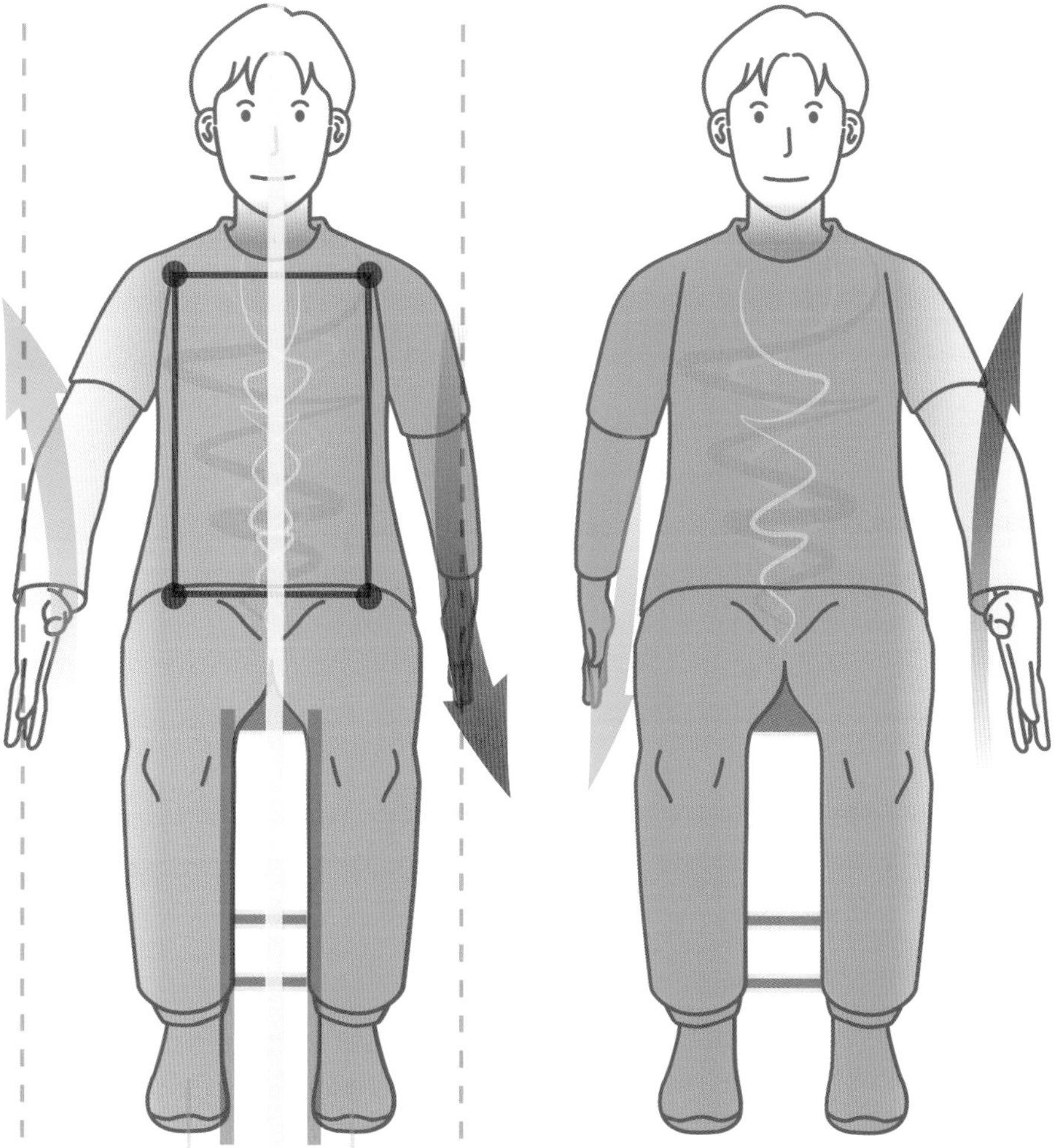

中指や小笏の角度に注意してください。
また舌や肩腰の位置、足幅、つま先の方向、両肩と腰の長方形などを守ることがとても大事です。これができていないと「暖簾に腕押し」（76頁）になってしまいます。

腕を交互に振ることで、次第に身体の中心に渦のような感覚が出てくるでしょう。それが動きのなかから生まれた中心軸（正中軸）です。

ていることは身体の土台であるＯＳを組み替える作業です。ですから**ある程度時間がかかるのは当然**です。いまは雲を掴むような感覚かもしれません。ですが育ってくれば武術、スポーツ、踊りなど、それぞれがいま学んでいることの質や精度はもちろん、習得するスピードも向上します。

ここまでお読みになり、また実際に揺腕を試してみた方は、第二章に登場した中動態やシンプルで繰り返し続けられる運動であることに私がこだわった理由がわかったのではないでしょうか。身体に染み込ませるには、このくらいシンプルでなければならないのです。

シンプル＝簡単ではない！

一方で、シンプルだからといって簡単かといえばそうではないことにも気がついたかもしれません。人によっては小笏をうまく挟めなかったり、挟めても腕に力が入ってしまって、すぐに疲れてしまったりするでしょう。また、前後の振り幅や小笏の先が広がったり閉じたりして、平行な軌道が描けなかったり、腕の動きに合わせて身体を大きく動かしてしまったりするかもしれません。

気にしなくて大丈夫です。できないのが普通で、そうしたことは繰り返すうちに必ず解消していくからです。理由はここまでも書いてきたように、ここで求めているのは、私たちが生きる世界にある**自然の基準に沿うこと**だからです。それは二本の足で身体を支え、生き残るために環境に最適化しながら長い旅をしてきた私たち人間の根源的な能力であり、いまでこそ眠っているものの、身体のなかに備わった能力なのです。**揺腕はその眠っている能力を揺り覚ます運動**だといえるでしょう。さらに少しずつ動きの精度が上がってくるとともに、身体はより自然の基準性に沿い、同時に自分の身体のなかに垂直性と水平性が生まれ、動きの基準となる軸性と安定感が育ってくるのです。自分のなかで渦（軸性）を磨くイメージかもしれません。

とはいえ、最初はなかなか実感できずにもどかしい思いもするかと思います。そうした時は、まず座り方を見直してください。80～81頁にポイントとして挙げた、「舌の位置」「坐骨で座る」「肩と腰の関係」「足先を平行にする」などは、内圧を育み保つことにとても重要です。これらを守って腕を振るのとそうでないのとでは**身体への働きかけがまったく違います**ので、迷った時はそこから見直してみてください。

何事も始めに極意があるものなのです。

軸から面へ、「正中面《せいちゅうめん》」の登場

また交互の揺腕を行った後に再び前後の揺腕を行うと、今度は交互の揺腕で感じた正中軸がそのまま前後に拡がり、面性を帯びてくるかもしれません。揺腕（刀禅）ではこれを「正中面《せいちゅうめん》」と呼んでいます。先ほどのレールのところで登場した立体的なイメージでいえば「レールで左右から挟まれた身体の中心から、前後に伸びる面が現れた」ようなイメージです。

軸より大事な正中面

実は私自身、稽古のなかで「軸」という言葉を使って説明することはほとんどありません。軸といってしまうと、なにか〝不動で強固なもの〟というイメージがあるからです。野球のバッターがボールを打った瞬間の写真などを見ると、そこには一点に集中した軸性が存在します。そこで「やっぱり強い軸が必要だ！」と思いがちなのですが、実際には打った瞬間にだけ軸があるのではなく、スイングの始まりはもちろん、バッターボックスで構えた瞬間、あるいはもっと前から軸はあり、その連続する軸性のなかで打っているわけです。その過程を無視して、打った瞬間の軸だけを意識すると、結局、動作を点で捉えた、帳尻を合わせるような動きになってしまうのです。ここでいう身体のOSとしての軸性は、〝ある瞬間にあって、ある瞬間にはない〟というものではありません。時間軸で考えると、**正中軸という線が絶え間なく連続することで、正中面になる**わけです。スポーツや武術だけに限らず、滑らかな動きをする人は、なにか見えないレールを進んでいるような印象がありますが、それはこの**基準性から生まれる正中面に沿っている**からだと考えます。そして基準性の精度がより高まると、この正中面が未来へと伸び、それが心身の安定感になるように思えます。また武術では、いかに相手を自分が感じている正中面上に捉えるかが重要な要素であり、手順が決まっている剣術の形稽古などは、そこにこそ稽古の本質があるように思えます。

揺腕が動き続けることにこだわる理由も、**動きのなかで作られる軸性は、結果的に面性を帯びる**からです。

ここまで色々な軸や面など見慣れない単語が出てきて面食らった人もいらっしゃるかと思いますので一度整理しておきましょう（106〜107頁参照）。

身体の真横を通る面を側中面と呼びます。横から見た時は線ですが、イメージとしては左頁のように身体を前後に分ける面です。

この図では本来、腕中面が重なっているのですが、ここではわかりやすさを優先して省いています。

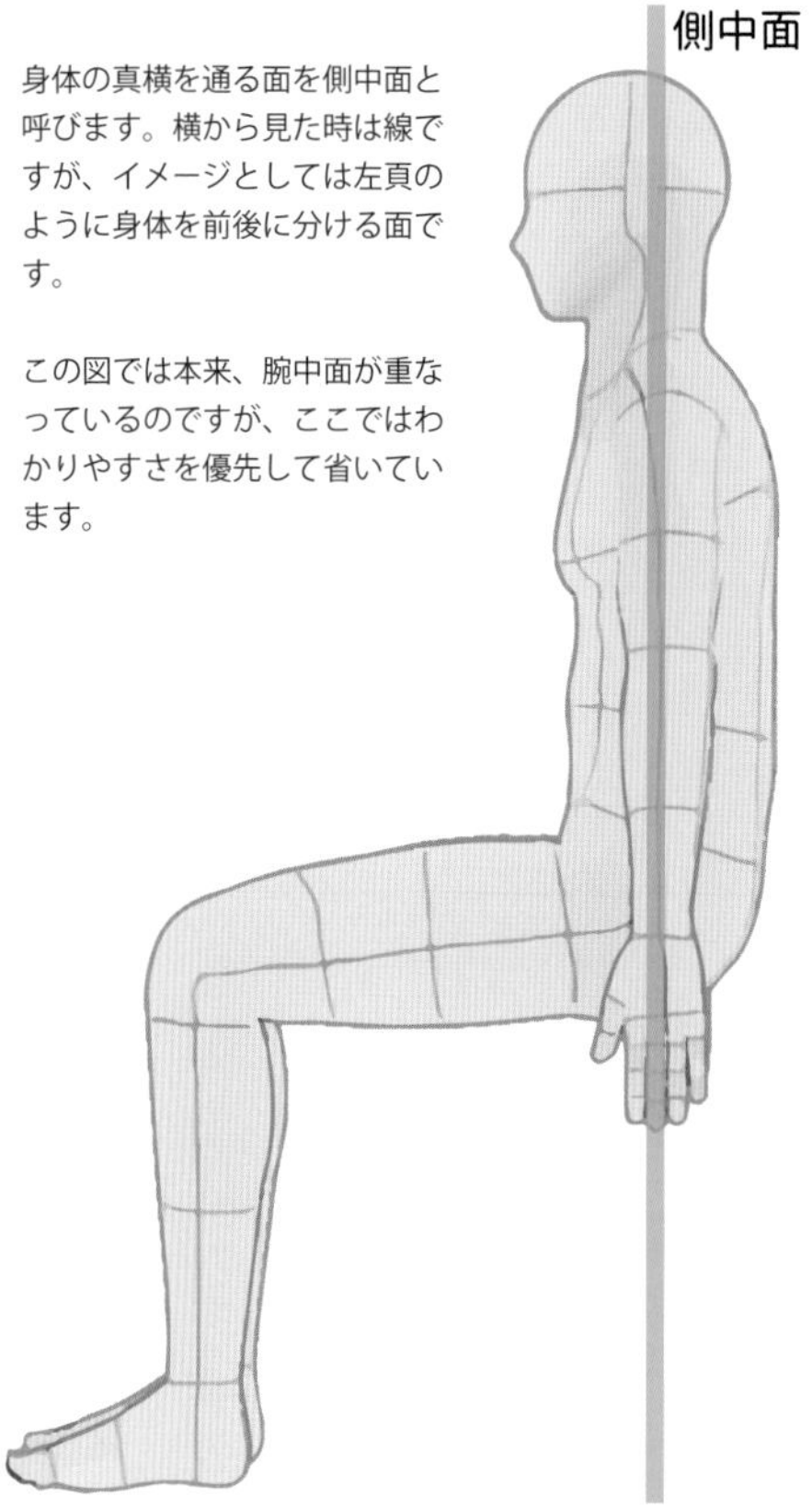
側中面

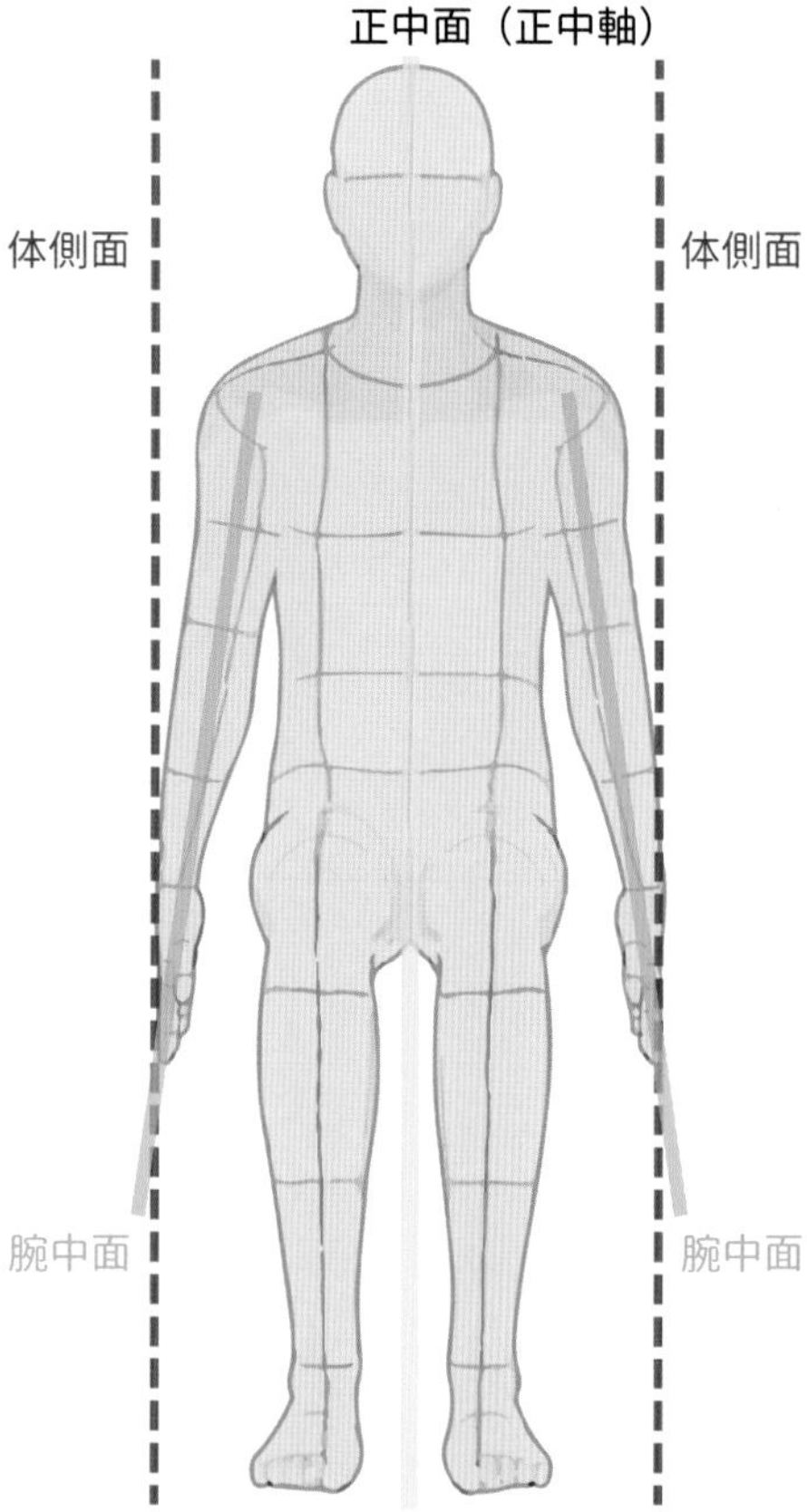
正中面（正中軸）
体側面
体側面
腕中面
腕中面

腕中面は腕の真ん中を通る面です。小刎を持った時には、腕中面と垂直の関係になります。

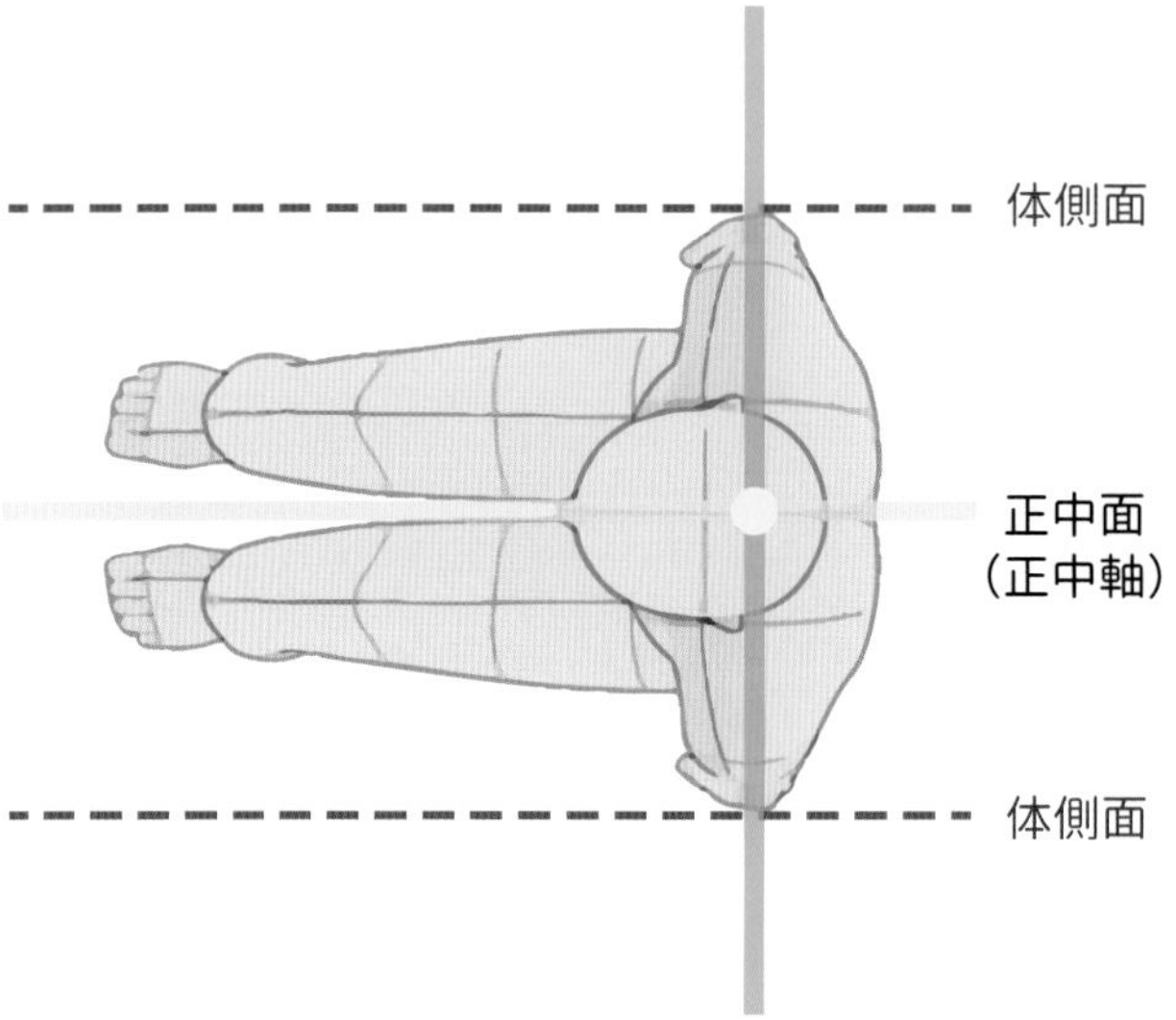
体側面
正中面
（正中軸）
体側面

身体の真ん中を通る面を正中面と呼びます。正中軸が連続することで左頁のような面となるイメージです。

左右の手が作る軌道を体側面と呼びます。床に対して垂直に存在する面で、２つの面の間が身幅となります。

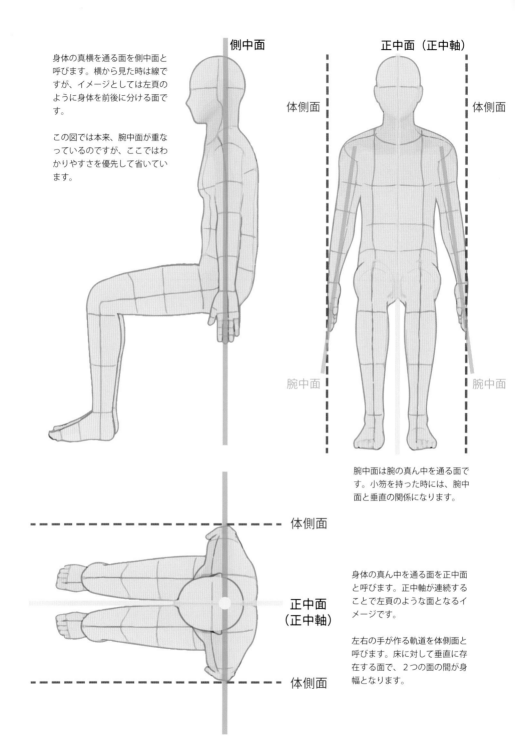

揺腕法に登場する身体概念図

側中面01

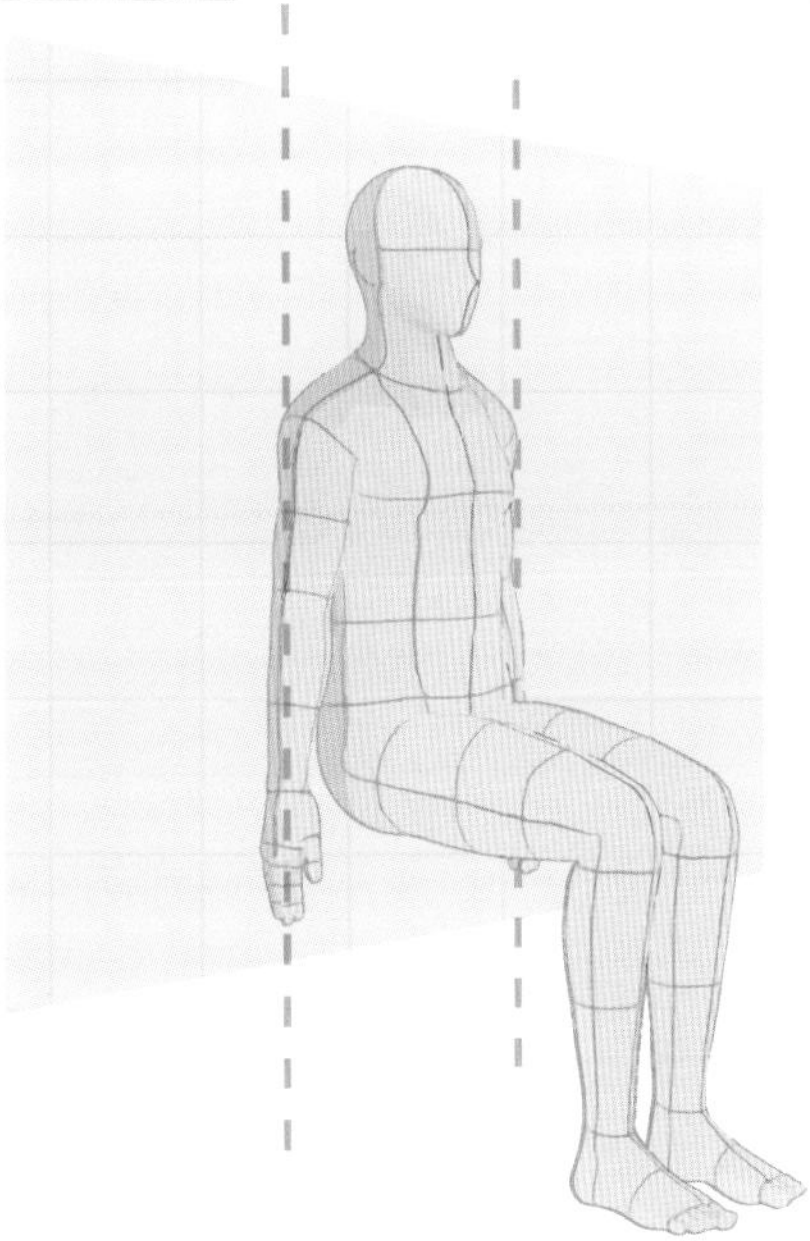

正中面

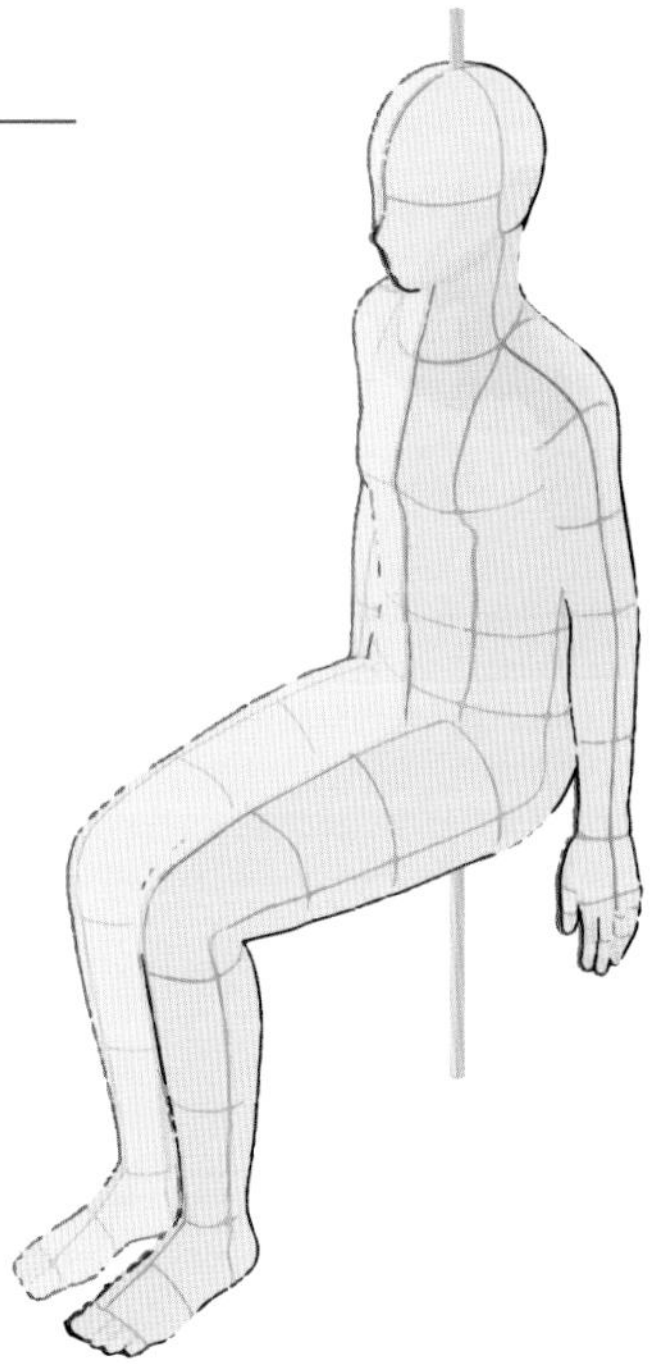

斜めから見た時の正中面です。身体の前後に伸びる面で、床に対して常に垂直に存在するイメージです。

側中面02

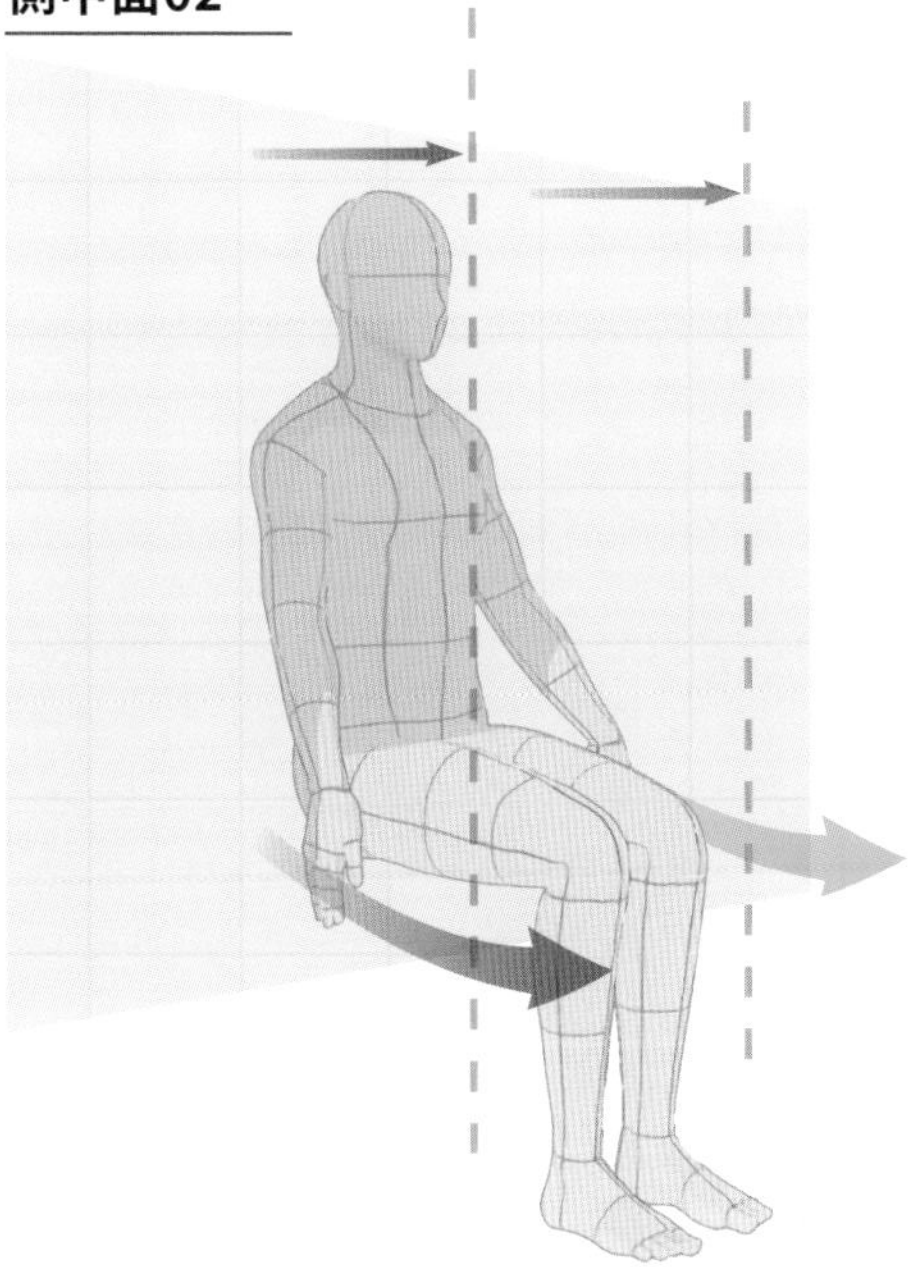

斜めから見た側中面です。身体の左右に伸びる面で、正中面と同じく、床に対して常に垂直に存在するイメージです。
腕を振る時には、時折この側中面が小芴（又は中指）に沿って移動して、身体を縦切りにスキャンしているイメージで行うと良いでしょう（01-02）。
基準性が養われてくると、正中面と側中面の意識が拡がってきます。

うまくできない人に向けて

小笏を使った揺腕を指導しているなかでよく聞かれるのが、「なかなかうまく腕を振れない」「気にするところが多くて大変」というものです。これについては先ほども書いたように、できないのが当然なので「気にしない」で大丈夫です。むしろ気にしすぎてギクシャクした動きになったり、すぐに動きを止めてしまったりするのはもったいないことです。止めてしまうくらいなら、むしろなにも気にせずに、テレビを観ながらでも腕を振る方が理想的です。

「え!? 平行とか振り幅とかが大事だと書いていたじゃないか!」と憤る方もいらっしゃるかもしれませんね。「まあまあお兄さん、落ち着きなさい」です。

確かに基準性を身の裡《うち》に育てるためには、動きのなかで精度を求める必要があります。ですが揺腕が「する」「される」の意識の間の部分で行われる中動態の運動であることからいえば、必ずしも運動そのものに意識のフォーカスを当てる必要はありません。呼吸に例えればわかりやすいでしょう。深呼吸や腹式呼吸、胸式呼吸はもちろん、完全呼吸、火の呼吸、片鼻呼吸など、世のなかには様々な呼吸法があります。こうした〇〇呼吸と呼ばれるもののほとんどは、呼吸の仕方を意識して空気を出し入れするものです。ですがその一方で、私たちは普段の生活のなかで特に意識しなくても自動的に呼吸をしています。もし無意識に呼吸ができなければ大変です。生きている間のほとんどの時間を、呼吸をすることに集中しなければならず、生き物として成立しないでしょう。ちなみに人間の場合、呼吸が停止して数分から数十分で死ぬそうです。

極端にいえばこの**呼吸のように、意識しても、意識しなくても腕を振る**のです。

「それだと正確に振れないじゃないか」

という声が聞こえてきそうですが、動かしていることを意識しないで行えているのであれば、その動きは中動態によるものであり、自ずと基準性に沿っていくのです。なぜなら先ほども書いたように、私たちの身体は、重力によって生じる自然の垂直性と水平性に沿うようにできているからです。特に指で小笏を挟んだままで行えているのであれば、**必要な内圧が自然に身体に働いている**ので、安心して振っていただければと思います。

こう書いてしまうと、

「じゃあ、別になにも意識せずに腕を振っていればいいんじゃないの」

と思われる方がいらっしゃるかもしれませんが、「若旦那、お待ちなさい」です。

基準性に沿うための中動態が、「する」と「される」の間にあるものであることを考えれば「する」がなければ成立しないわけです。またより精緻に基準性を育むのであれば、基準を目指す意識が必要です。

先ほども例に出した刀を研ぐ作業でいえば、刀を研ぐという作業自体は機械的に手を動かしていればある程度できるでしょう。ですが必要以上に刀身を削らず、刃紋や地肌を浮き立たせ、斬れ味と美観を兼ね備えた刀にするためには、手先に意識を集中し、絶えず刀身の状態を見極めながら腕を動かしていることは想像に難くありません。そうした経験を積み重ねることで名刀と呼ばれる一振りが誕生するのでしょう。同じように揺腕も、腕の一振り一振りに意識を持つか持たないかで、精度はもちろん**身体への浸透の速度は大きく違ってきます**。意識で雁字搦めになってしまうのは問題ですが、運動に適度に意識を持つことでフィードバックが得られ、それが経験値として身体に積み重ねられていくのです。

ですから意識して振るのに疲れたら、ぼんやり振ればよいわけです。要は**振り続けることが大事なのです。**

その結果生まれ、自分の身体のなかに立ち上がってくる基準は、絶対的でありながら、固定的であったり、その場に居着いたりするものではありません。自由さと軽やかさ、なによりも自分の存在と生命力を感じる楽しいものです。ですから怖い顔をしないで、気楽に振ってください。

小笏を横に持って行う

小笏を使った揺腕の最後に、小笏を横に持った方法を紹介しておきましょう。持ち方を含めて、基本的にはここまで行ってきたことを横に向けて行うだけです。縦方向との違いは、より強く側中面を感じられることです。

基本的に私たちの身体は、前に意識が向きやすい反面、横には向きづらくできています。実はこの横方向への意識を養うことが、基準性をより立体的にするためには必要不可欠なことなのです。繰り返すうちに自分の身体の立体感や周辺の空間に対する感覚が拡がっていきます。

小笏を横にして行う揺腕

大事なことは、横に向けた小笏が地面に対して常に水平であることです。それ自体はこれまでと同じなのですが、実際に試してみると、横に空間が広がる側中面を感じやすくなるでしょう。

これも円弧や水平、交互でも行います。

小笏を縦や横に持って行うことで、次第に自分の身体の立体感や周辺の空間に対する感覚が拡がっていきます。

正面から見た時に、小笏が横一直線に揃っているようにします。手首を曲げて揃えるのではなく、腕の小指側を弓のように張ることで揃えることが大事です。そうすることで身体から小指までが繋がった内圧が生まれます。

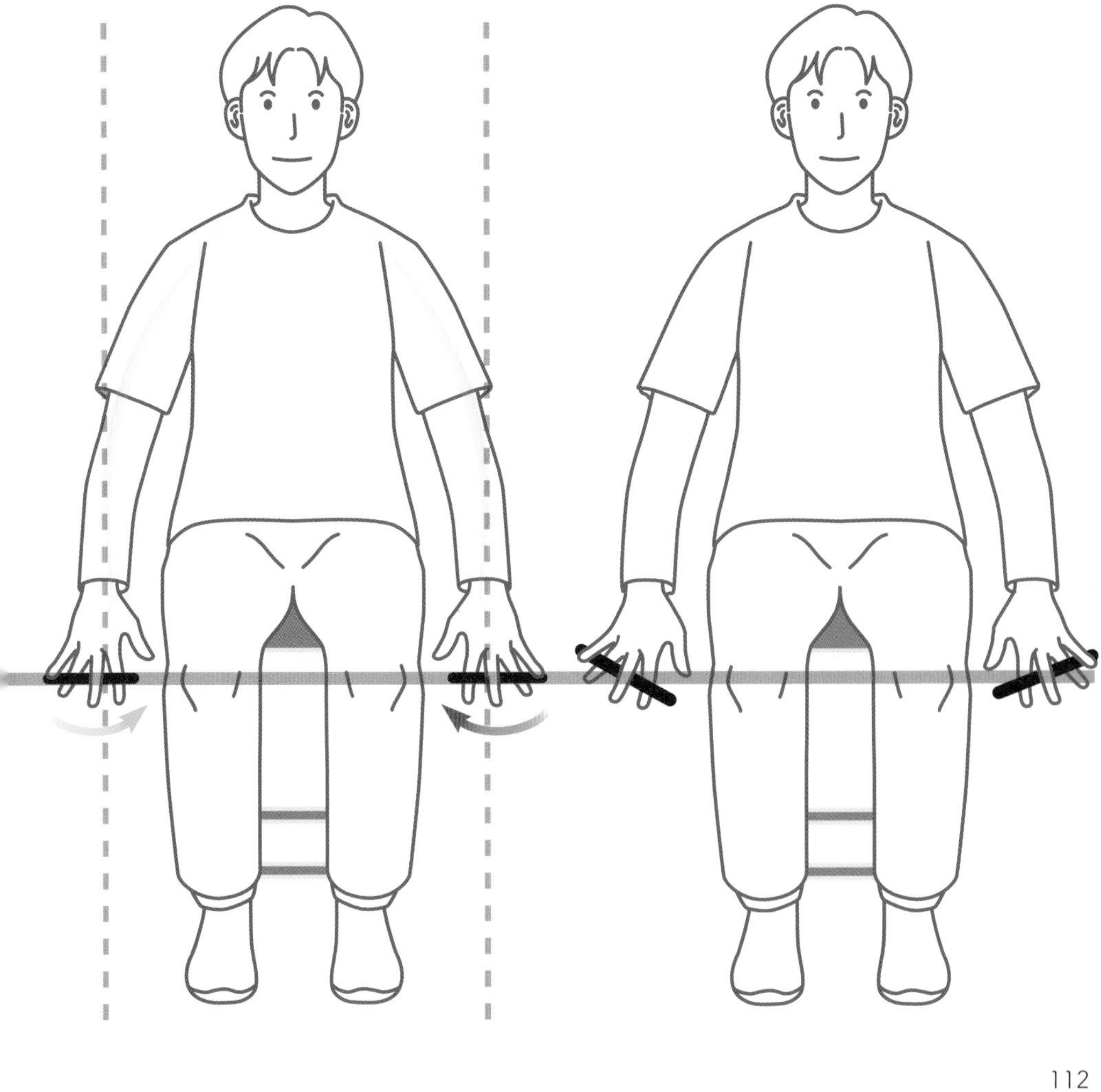

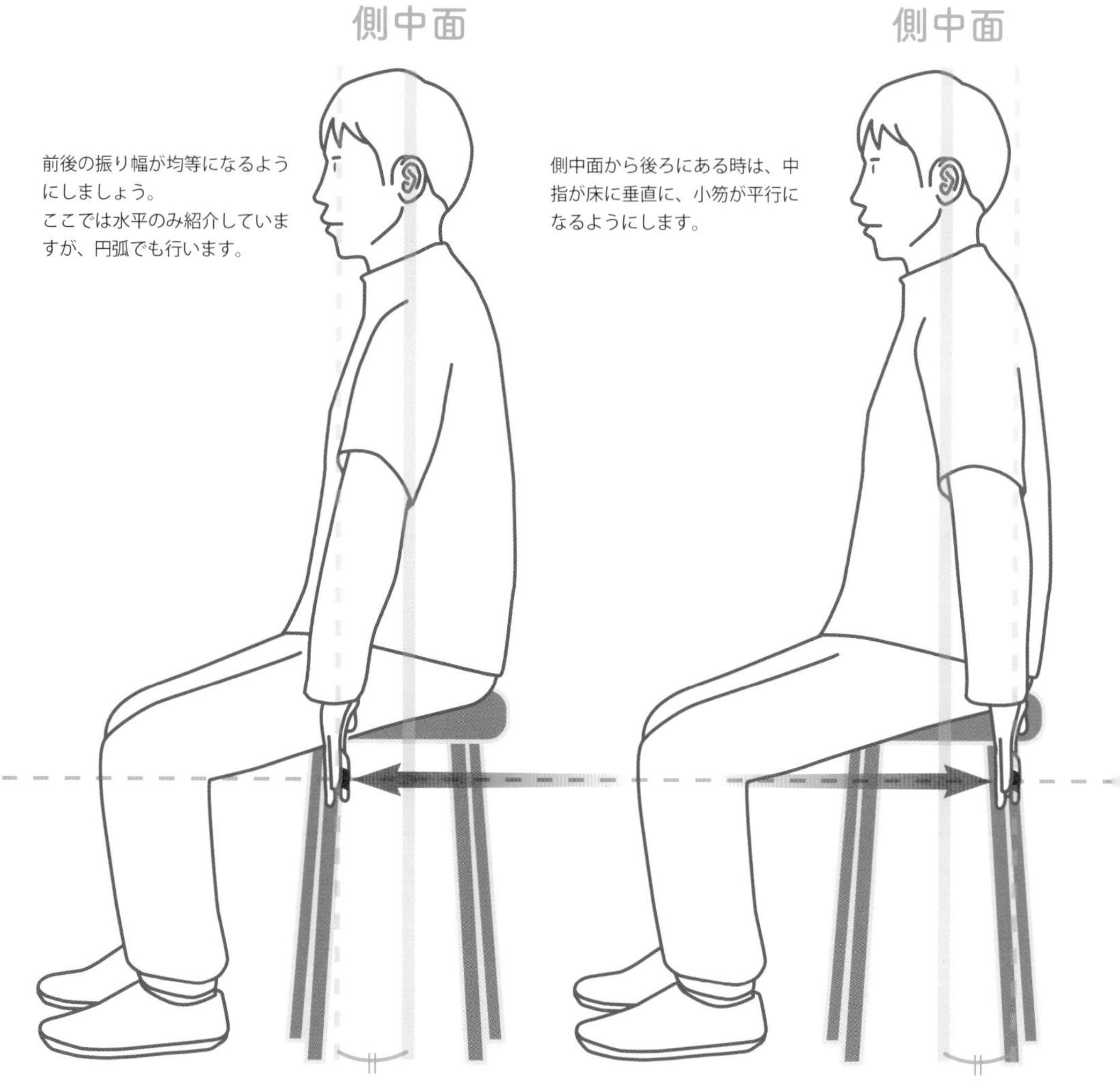

前後の振り幅が均等になるようにしましょう。
ここでは水平のみ紹介していますが、円弧でも行います。

側中面から後ろにある時は、中指が床に垂直に、小笏が平行になるようにします。

小笏を離陸させる

慣れてきたら、腕を肩の高さまで上げても良いでしょう。

スムーズに腕を肩の高さまで上げられるようになったら、小笏を飛行機の翼だとイメージして、腕の撓《しな》りで、「すうっ」と離陸するように上げる方法にもトライしてみてください。小笏の作る水平面で身体を水平にスキャンするイメージです。

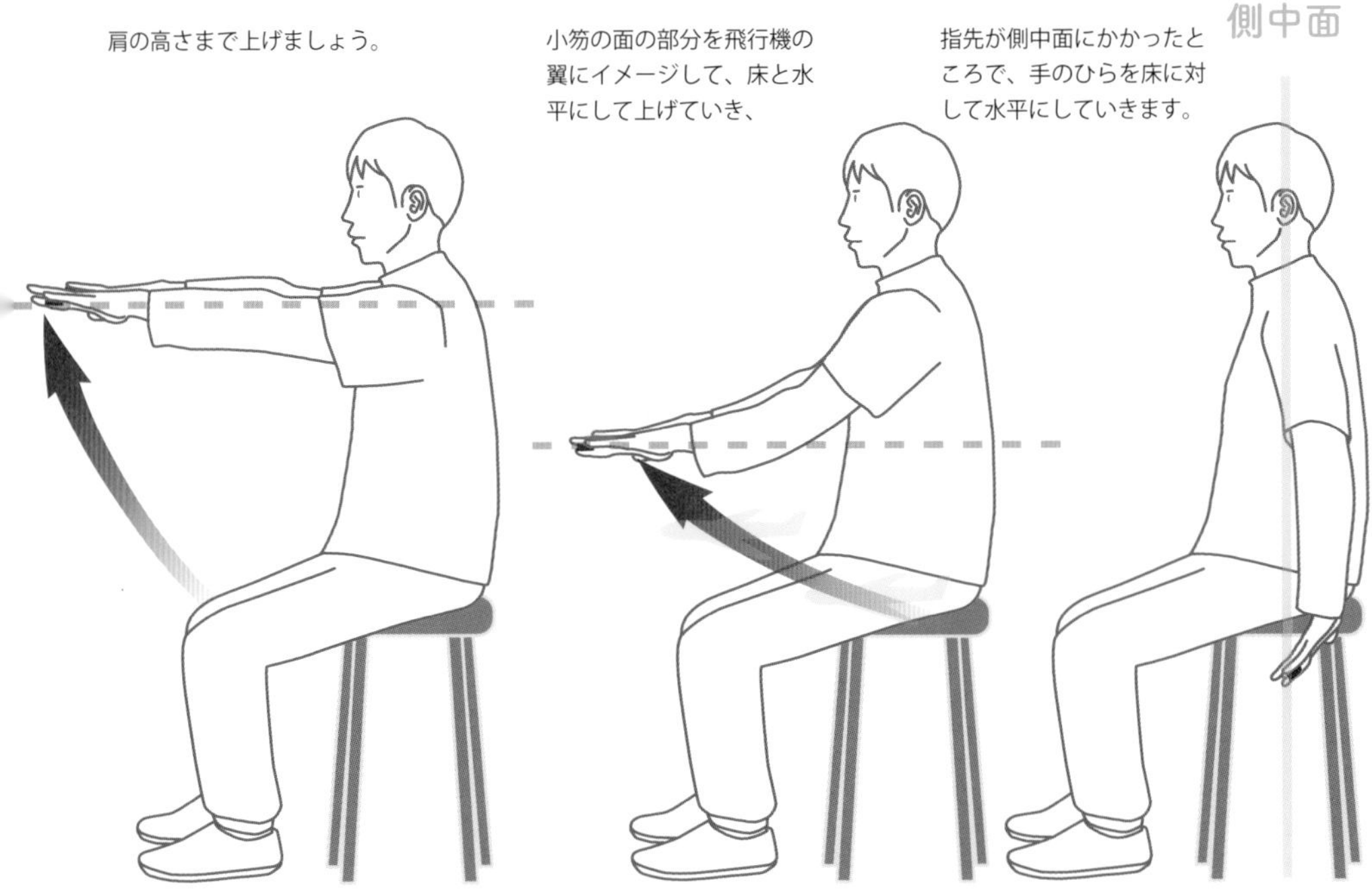

側中面
肩の高さまで上げましょう。
小笏の面の部分を飛行機の翼にイメージして、床と水平にして上げていき、
指先が側中面にかかったところで、手のひらを床に対して水平にしていきます。

素手で行う揺腕

基本的には行うことや注意するポイントは小笏を使った揺腕と同じです。ただ手の形にはこだわりがありますので、これを紹介していきます。

手の形は2種類 開手《かいしゅ》と蹔手《ざんしゅ》

手の形は指を伸ばした状態で行う開手と、手の指を第二関節で曲げて揃える蹔手の2種類あります。

開手で行うものにも、指の開き方が2種類あり、それぞれに意味があります。開手と蹔手のどちらにも共通していえるのは、そこに適度な力が入った「内圧」があることです。小笏を挟んで行っていた時と同じですね。ただプラプラと腕を振るのではなく、腕を振る動きを邪魔しないなかで、**指先に「力が通り」「指向性があること」が大事**です。それでは開手から紹介していきましょう。

指を伸ばし、開手で行う揺腕

開手の揺腕は大きく、

①指を大きく開く
②指先をまとめる

の2つです。いずれも横から見た時に指先がバラバラではなく、揃っていることが大事です。一本一本の指先からレーザーが出ているようなイメージで、真っ直ぐに伸ばします。それぞれの指に張りがあり、指の中に軸が通り、指先へと伸びていく指向性があることが基本になります。この時に前腕が力まないようにしてください。

横から見た時に腕中面と側中面が重なり、指先までが一直線になります。そのまま揺腕をすると、手のひらの面性が強く感じられるでしょう。その面性を感じながら左右のレール感や面性を作っていきます。

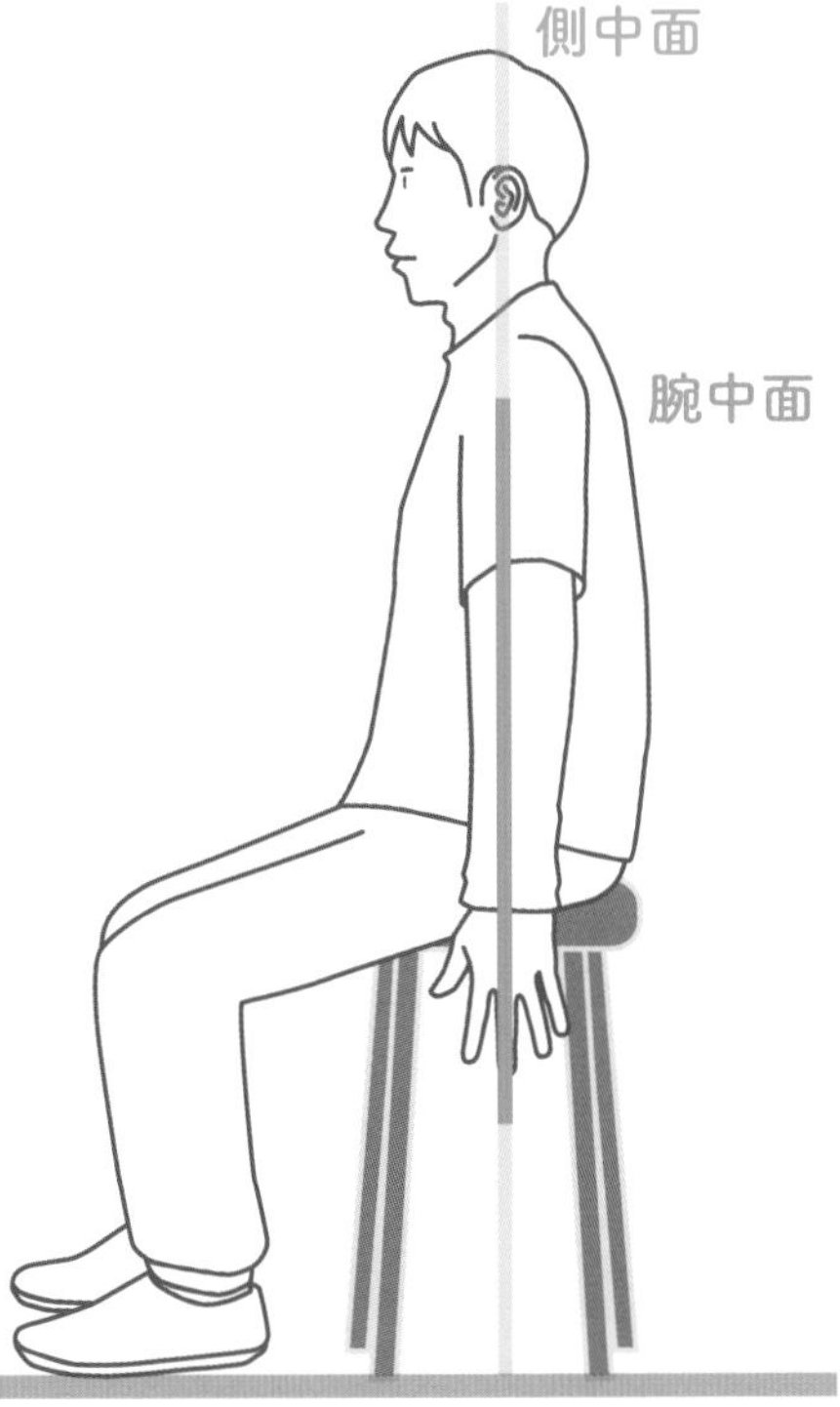

中指が垂直に床に向くようにしましょう。

指先を広げる

指先をできるだけ広げて行います。ただ闇雲に広げるのではなく、親指と人差し指の間は別にして、その他の指の間が均等に開くことがポイントです。

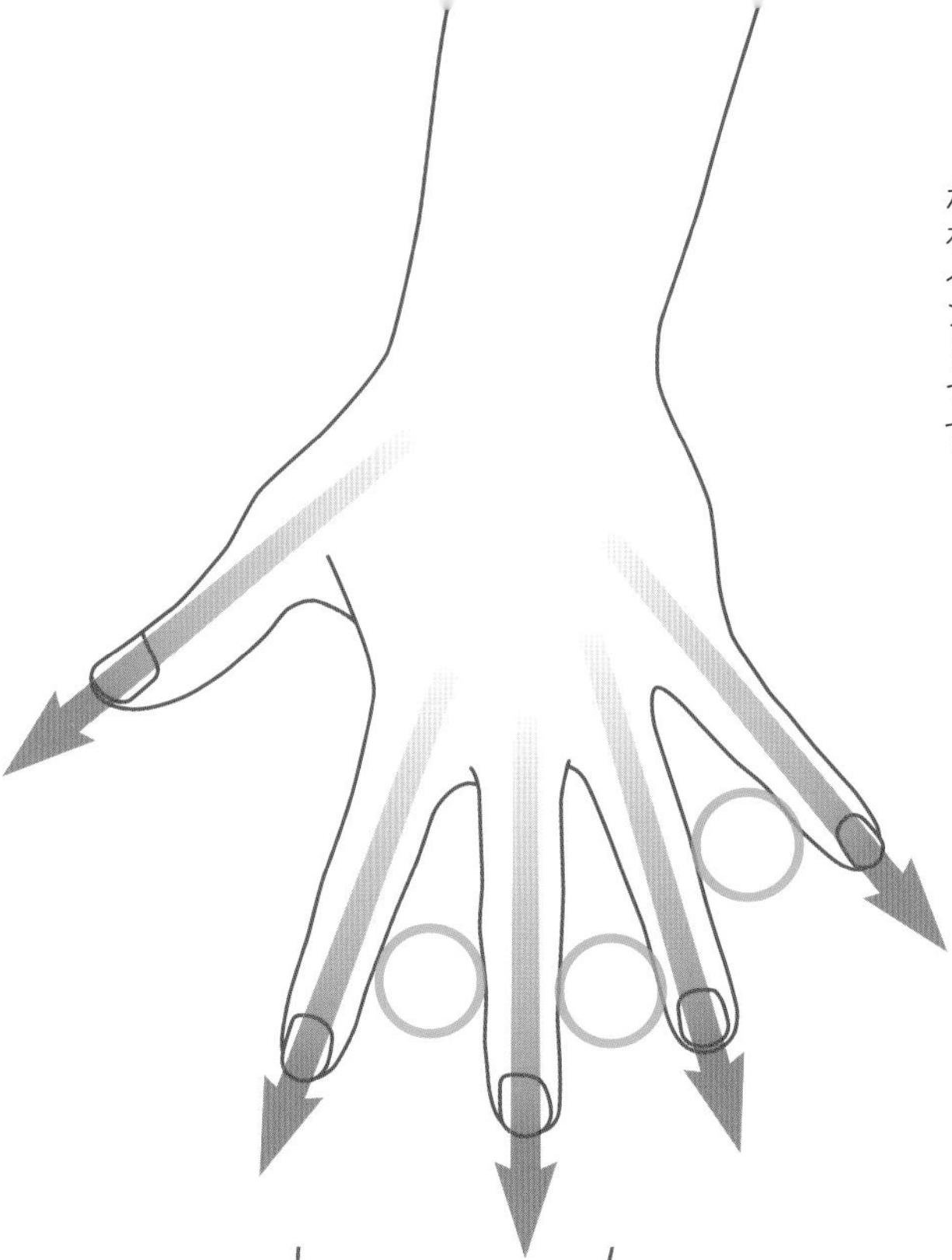

指先をまとめる

中指を中心に指先をまとめます。この時に手のひらが少しお椀状に膨らみますが、これは気にしなくて大丈夫です。まとまった指先からレーザーが真っ直ぐ伸びているイメージをすると、指を広げた時とは違い、中指を中心に真っ直ぐ、強い指向性が生まれます。

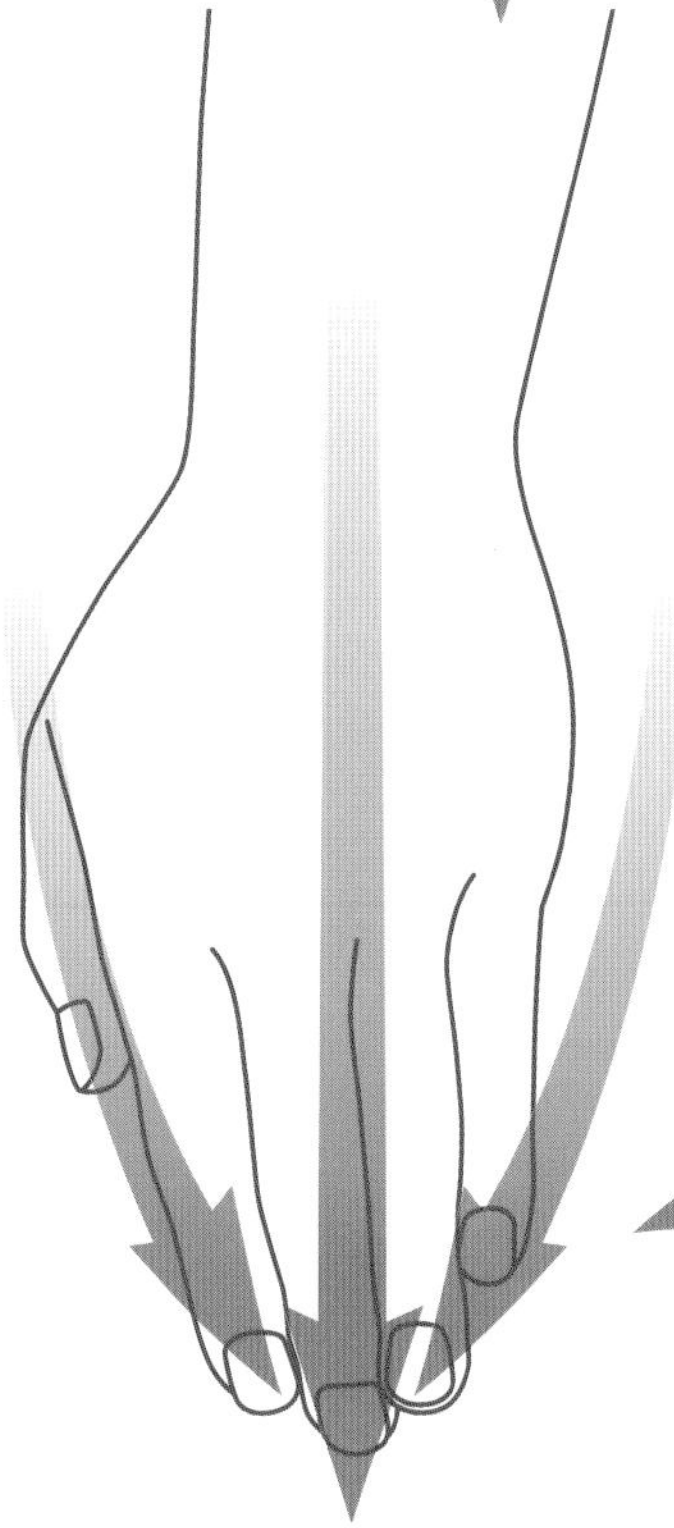

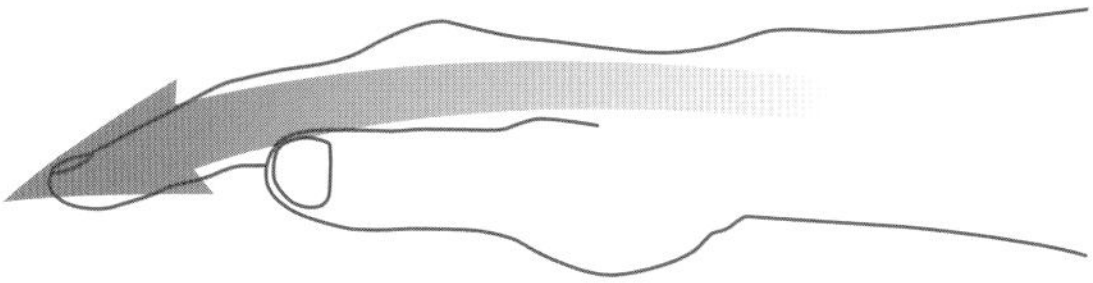

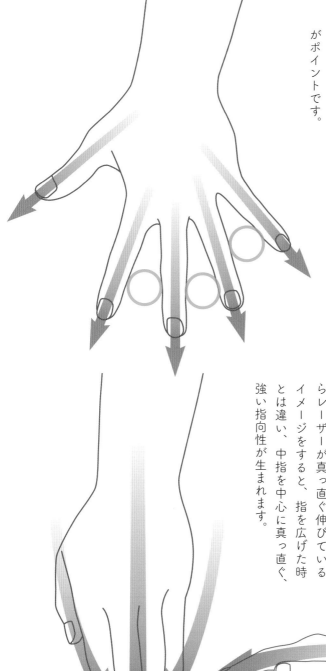

開手の揺腕

写真では紹介していませんが、手を横にするものや、腕を交互に振る方法も行ってください。動画を併せて参考にしてください。

指を開いた円弧の揺腕

指の間を同じくらいに開き、指先を伸ばしたまま、円弧を描くように振ります。側中面にきた時に中指が床に対して垂直になるように、前後の振り幅が均等になるように注意して振ります。

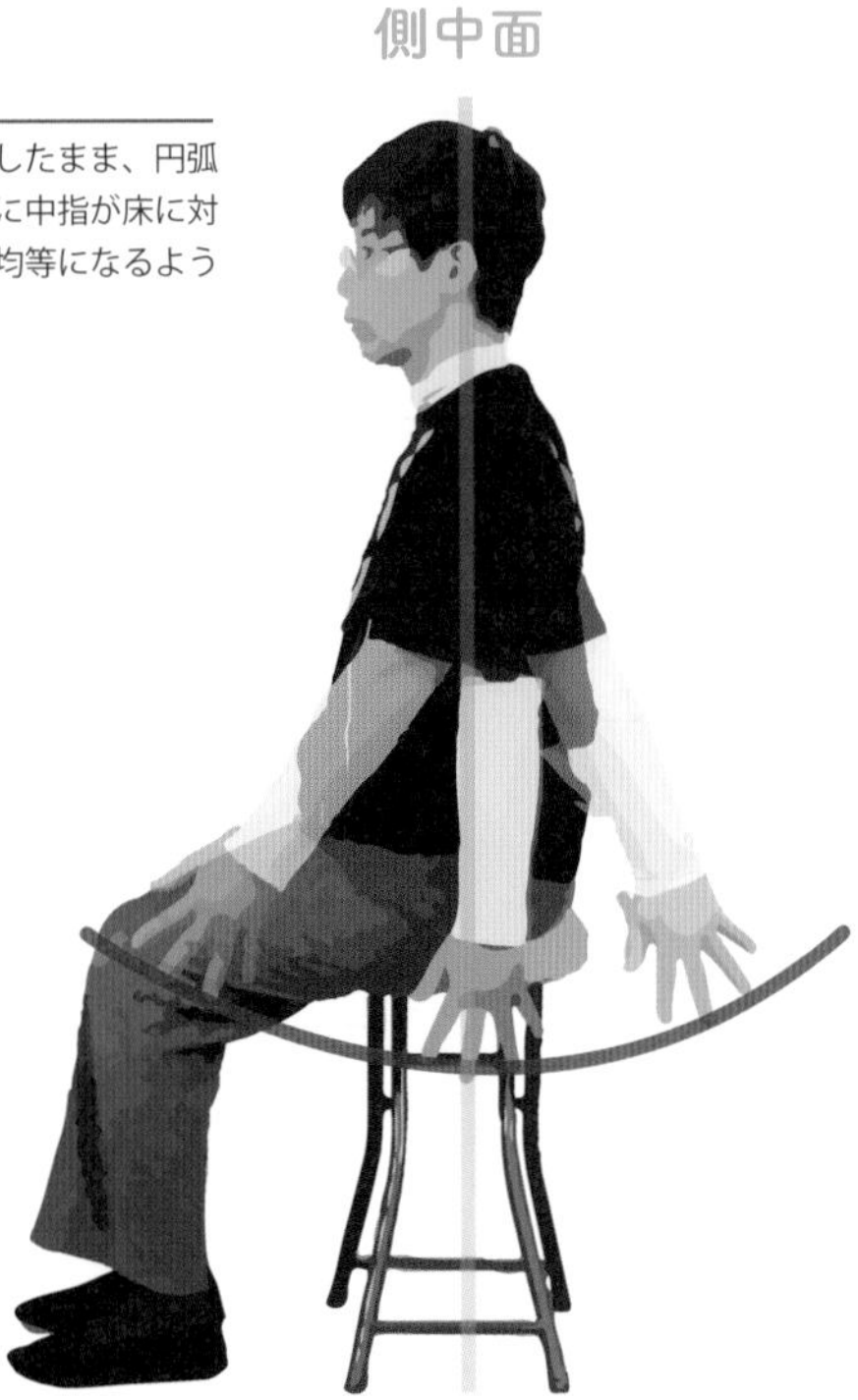

指を開いた水平の揺腕

指の間を同じくらいに開き、指先を伸ばしたまま、中指で床と水平を描くように振ります。腕が前にきた時も後ろにきた時も、中指が床に対して垂直になるようにしましょう。前後の振り幅が均等になるように注意して振ります。

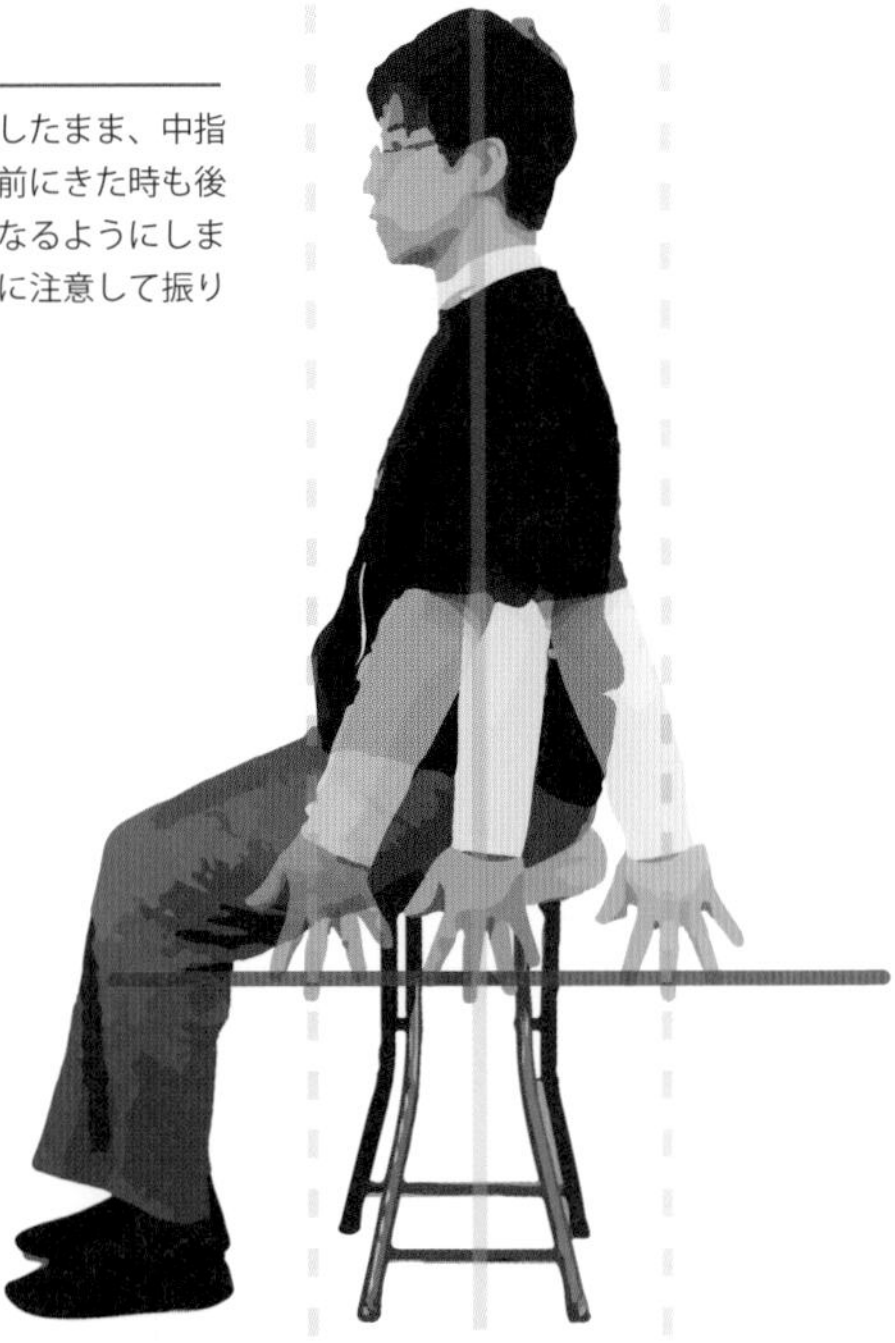

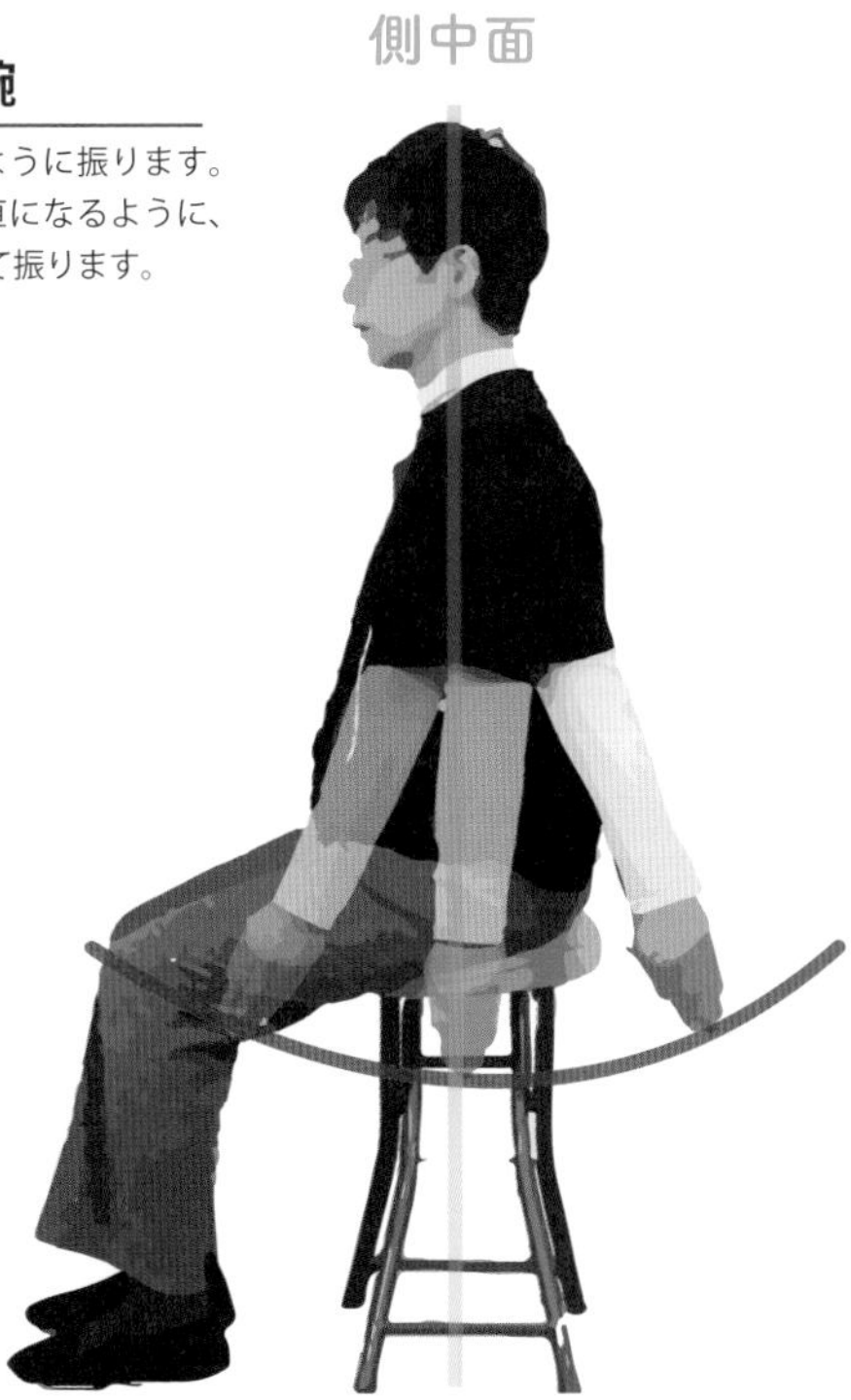

指先をまとめた円弧の揺腕

中指を中心に指をまとめて円弧を描くように振ります。側中面にきた時に中指が床に対して垂直になるように、前後の振り幅が均等になるように注意して振ります。

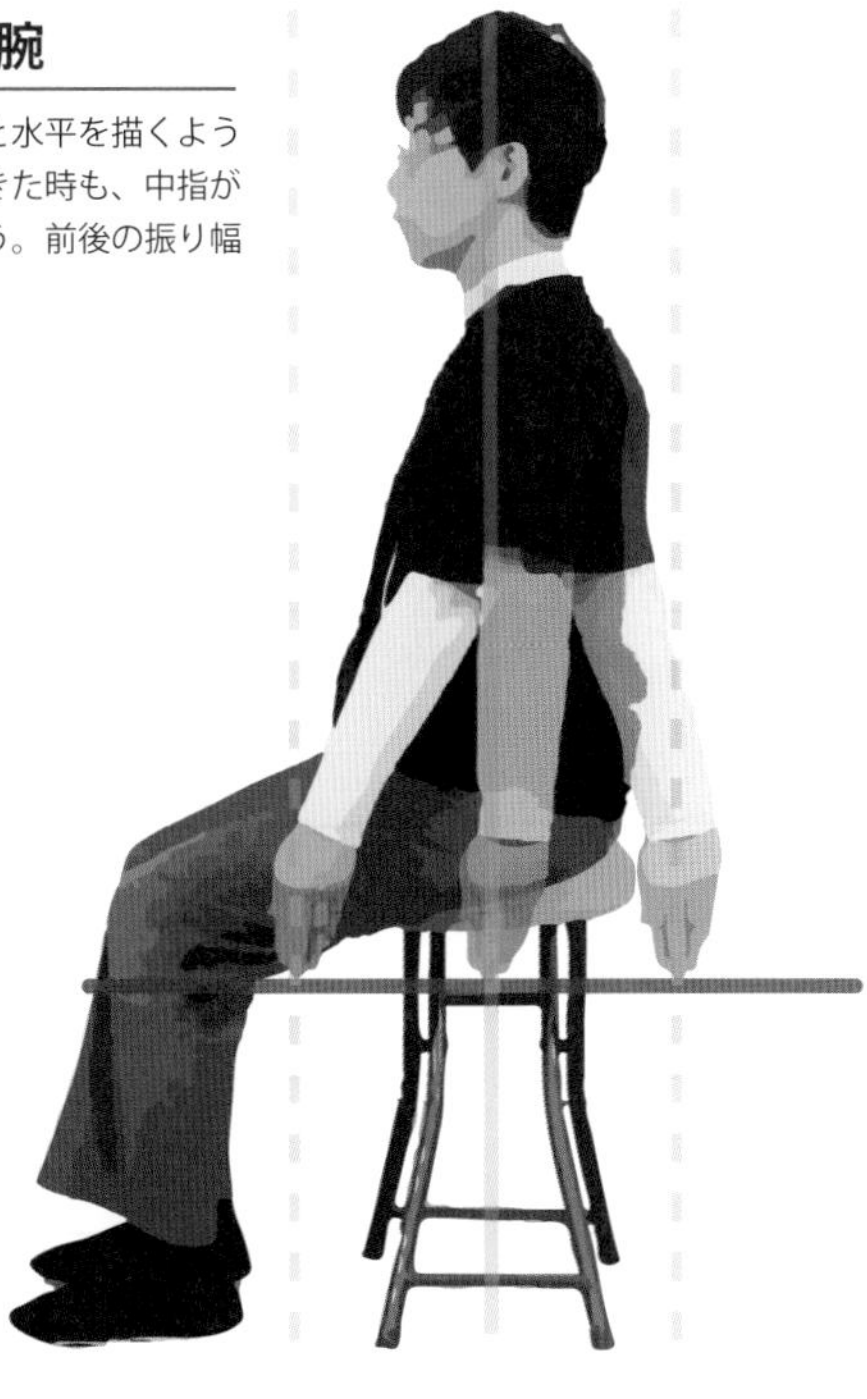

指先をまとめた水平の揺腕

中指を中心に指をまとめて、中指で床と水平を描くように振ります。腕が前にきた時も後ろにきた時も、中指が床に対して垂直になるようにしましょう。前後の振り幅が均等になるように注意して振ります。

手先を鏨《たがね》とする、鏨手《ざんしゅ》の揺腕

鏨手《ざんしゅ》とは私の造語で、鏨《たがね》（ノミ）とは、金属や石などの硬いものに文字や絵などを刻み込む時に使われる道具です。「手を以て身体に基準性を刻み込みたい」ということからこうした名前をつけています。まず形の説明からしていきましょう。

鏨（ノミ）

指の第二関節を揃える

鏨手のポイントは、人差し指から小指までの第二関節を折り曲げて揃えることにあります。

上から見ると、ちょうど鏨の刃のようになります。この時に指の

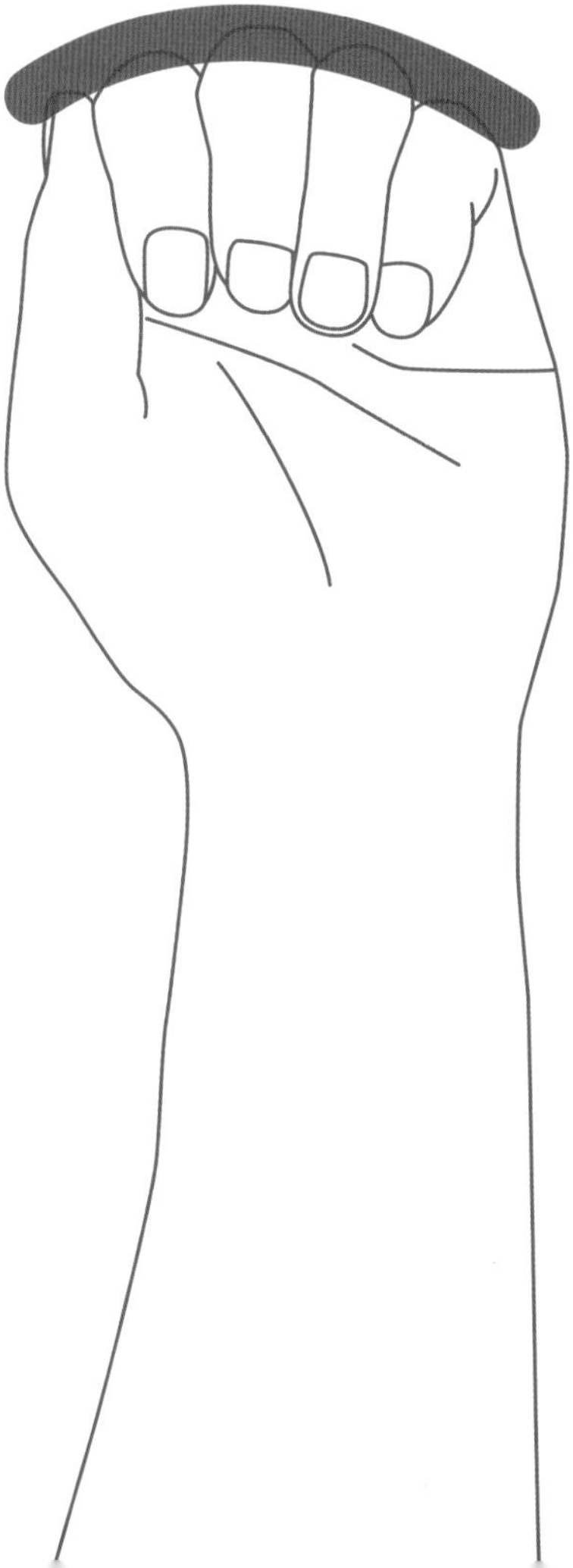

指の第二関節から握り、先を揃えます。
握り拳にならないように、握る力と開く力を一緒に働かせて作ります。

付け根は曲げず、できるだけ**手が平らに**なるように行います。

作り方としては、指を真っ直ぐに伸ばした状態から、第二関節を折り曲げていきます。

握り込みすぎて指の付け根（MP関節）を曲げてしまい、拳にならないようにしましょう。

この時に、第二関節の内側の曲がる部分を揃えて握ります。内側を揃えるのは難しいのですが、これをイメージして行うと、「握りながら開く力」が生まれ、手の内圧がしっかり働き、腕全体で指を調節できるようになってきます。親指は真っ直ぐ伸ばし、人差し指に添えるようにつけておきます。**握った状態で正面から手を見た時に、第二関節が一直線に揃っているの**が理想です。

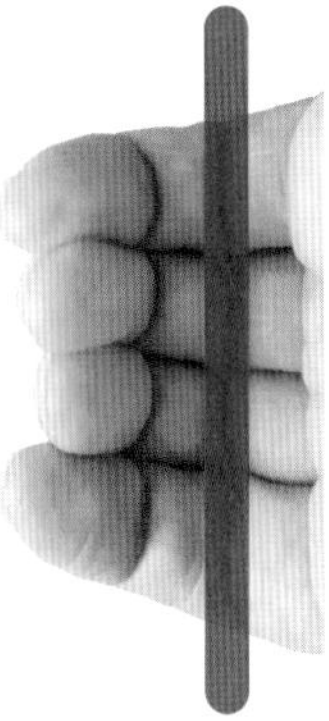

手の内側を見た時にも、第2関節のシワが揃うように意識します。

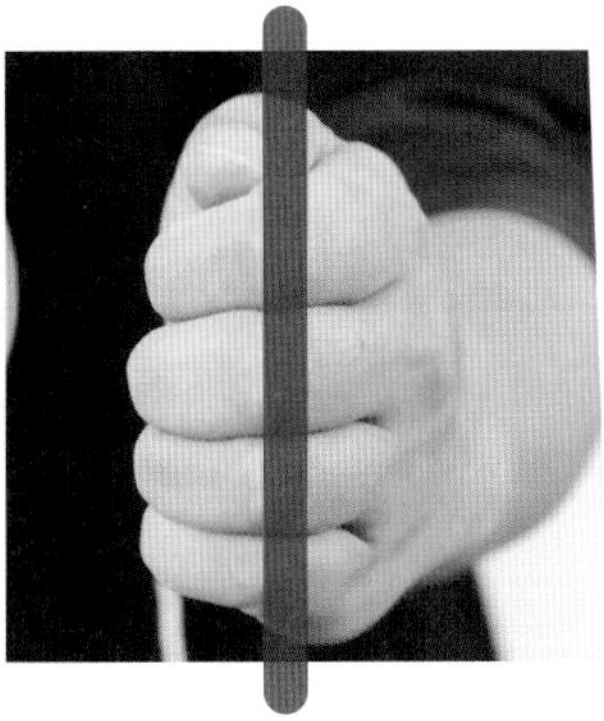

前から見た時に第2関節が揃うようにします。これがとても大事です。

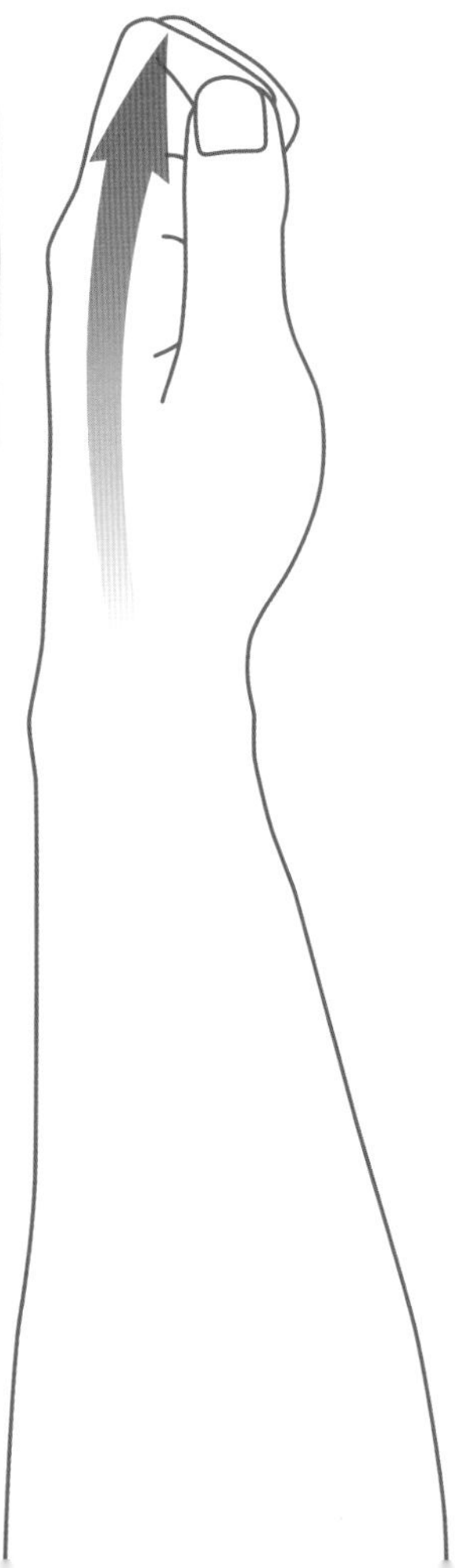

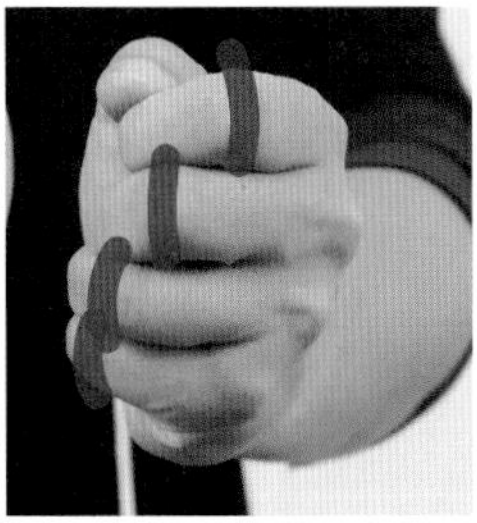

第2関節がバラバラにならないように注意しましょう。

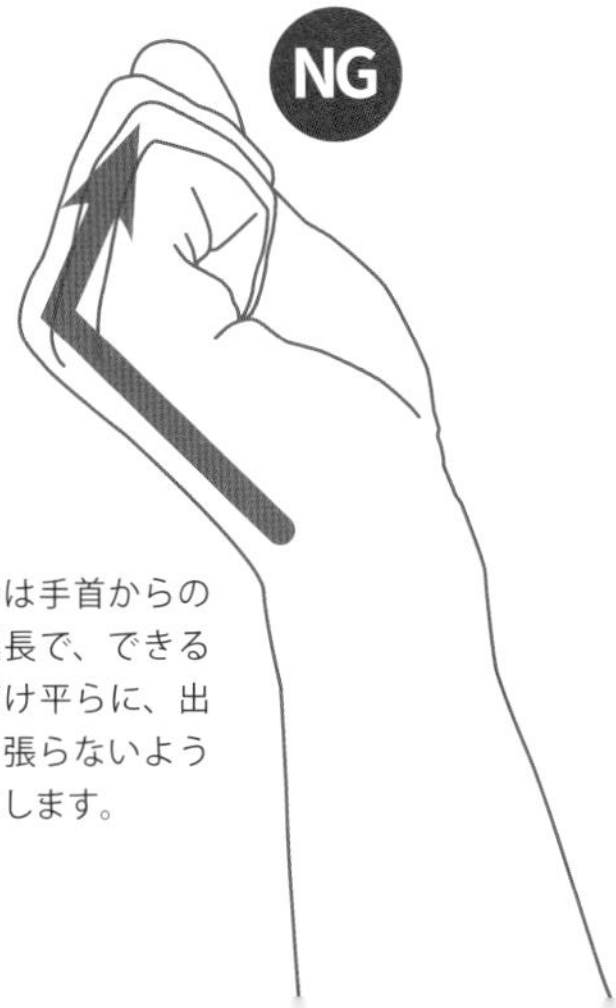

拳は手首からの延長で、できるだけ平らに、出っ張らないようにします。

鬆手の揺腕

写真では紹介していませんが、腕を交互に振る方法も行ってください。動画を併せて参考にしてください。

鬆手で円弧の揺腕

第2関節で円弧を描くように振ります。側中面にきた時に、中指が地面に垂直になるようにして、前後の振り幅が均一になるようにしましょう。

左右交互に振っても良いでしょう。

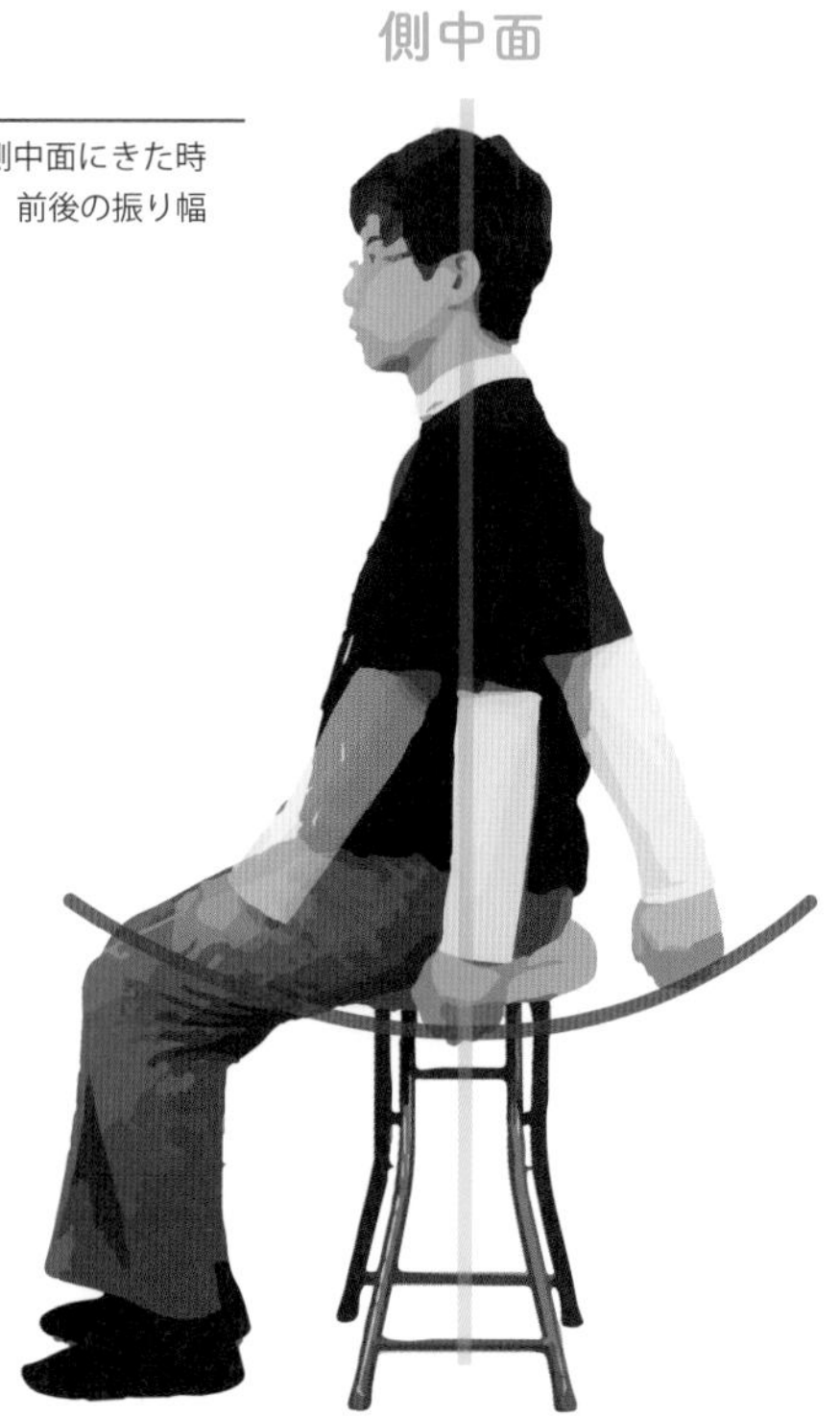

鬆手で水平の揺腕

第2関節が床に対して水平を保つようにして振ります。
その他の注意事項は同じです。
左右交互に振っても良いでしょう。

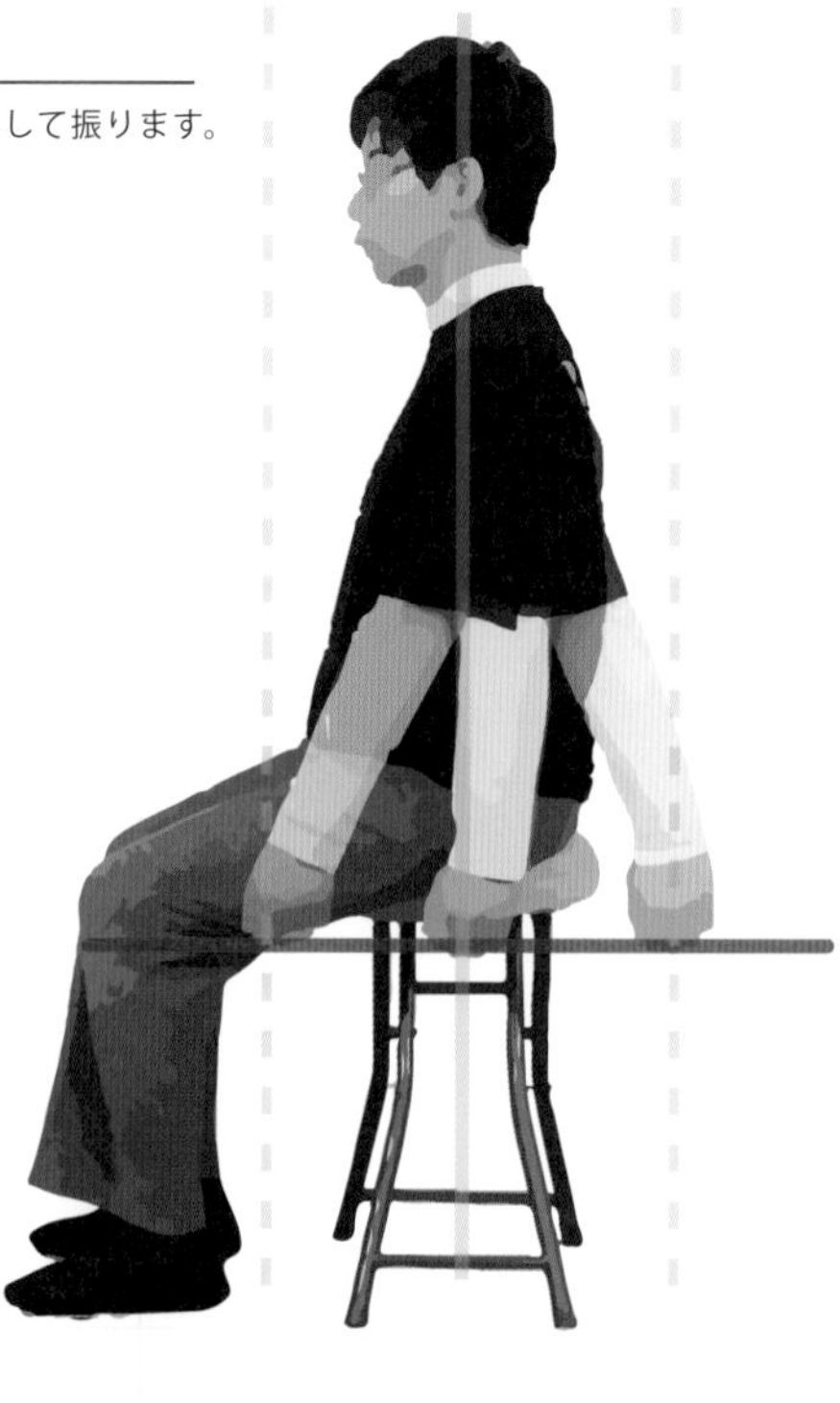

手と指をゆるめた揺腕

小筋や開手、鏨手の揺腕で疲れたら、手と指から力を抜いて振っても良いでしょう。

この時は特に手の形や垂直・水平性は考えず、前後の振り幅も気にせずに速度も自分の心地良いところでＯＫです。

もちろん左右交互に振っても良いです。

実際に開手、鏨手を試してみると、指の開きや形を変えるだけでそこから得られる感覚がずいぶん違うことに気がつくはずです。これらの２つの方法を、織り交ぜながら繰り返すことで、だんだんと手指が育っていきます。

手と指をゆるめた揺腕

ゆるめた揺腕の時は、細かな約束事は忘れてぷらりぷらりと振っていただいてOKです。心地良さを優先して好きなように振ってください。
ただし身体はこれまで通り、前後に揺れたり、曲がったりしないようにしましょう。

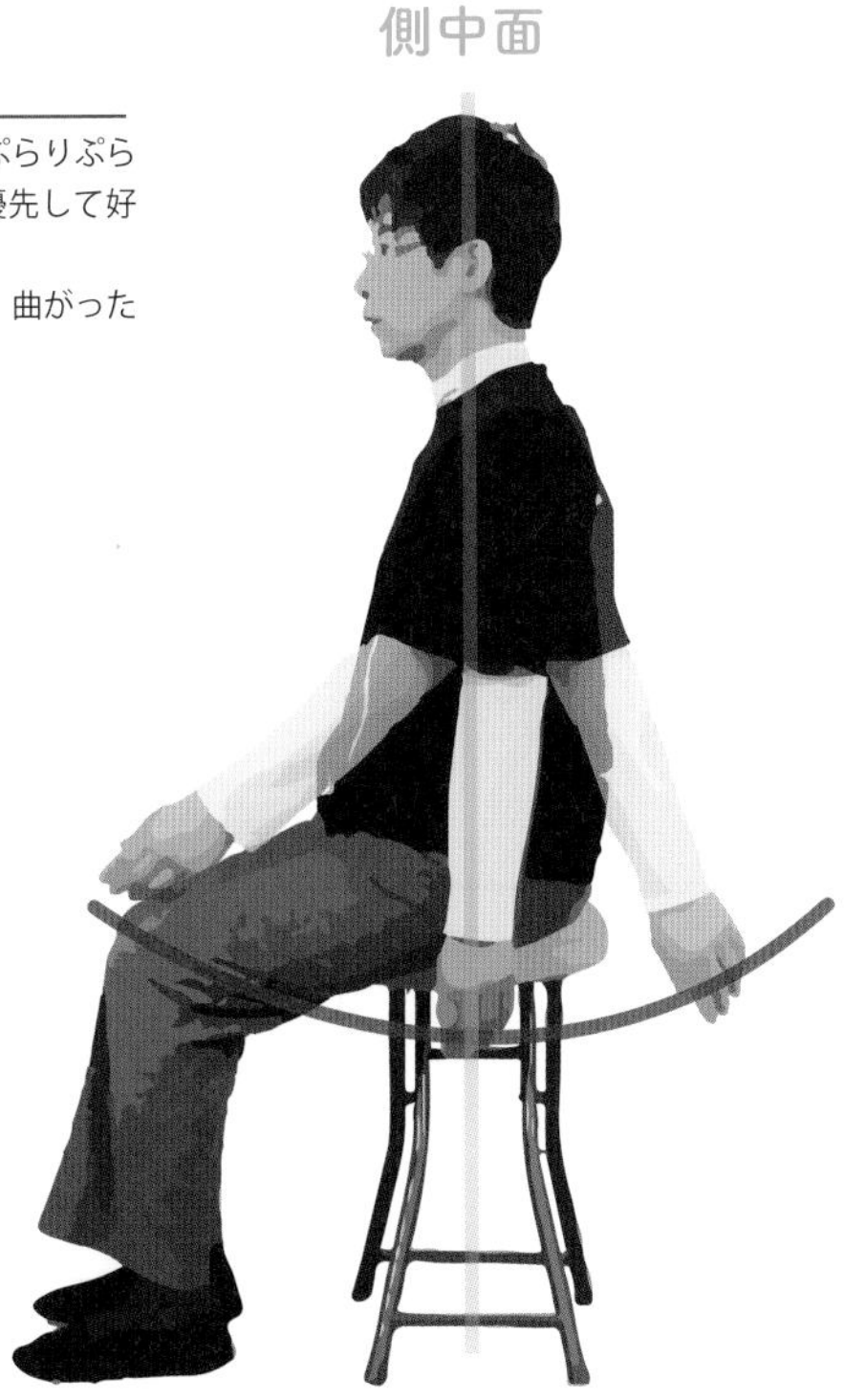

強すぎず、弱すぎない握り

実際に鏨手を作って揺腕を試してみると、握りが強すぎるとMP関節が鋭角に曲がり（通称・トンガリ君）スムーズに腕を振れず、かといってルーズにしすぎると第二関節が揃わないことに気がつくでしょう。この両方が成立するためには、第二関節とMP関節に強すぎず、弱すぎない、適切な内圧が備わった握りを作る必要があります。これは指に限らず、身体を繋げて動かすためには、関節に適度な力・内圧があることが大事なのです。なかでも指の付け根にある**MP関節の折り曲げは体幹部の腰や臀部と関連が深くとても大事**です。

武道では腰の在り方は**「立身中正《りっしんちゅうせい》」「腰の折れざる事」**などと、最も重要な問題とされているのですが、手の方は意外に見過ごされがちです。揺腕を含む刀禅では事あるごとに注意を促しているのですが、なかなか伝わりづらいところでもあり、指導にあたっての難所でもあります。

「MP関節を曲げちゃいけないってこと？　それだと空手の拳とかはどうなるの？」と思われる方もいらっしゃるかもしれませんね。ですが、これは外形的な形のことで右がMP関節が鋭角に曲がった「トンガリ君」がある状態。手の形と同様に、腰も折れています。

左は鑿手で拳が平らな状態。手と同様に体幹にも内圧があり、腰が適度に伸びています。

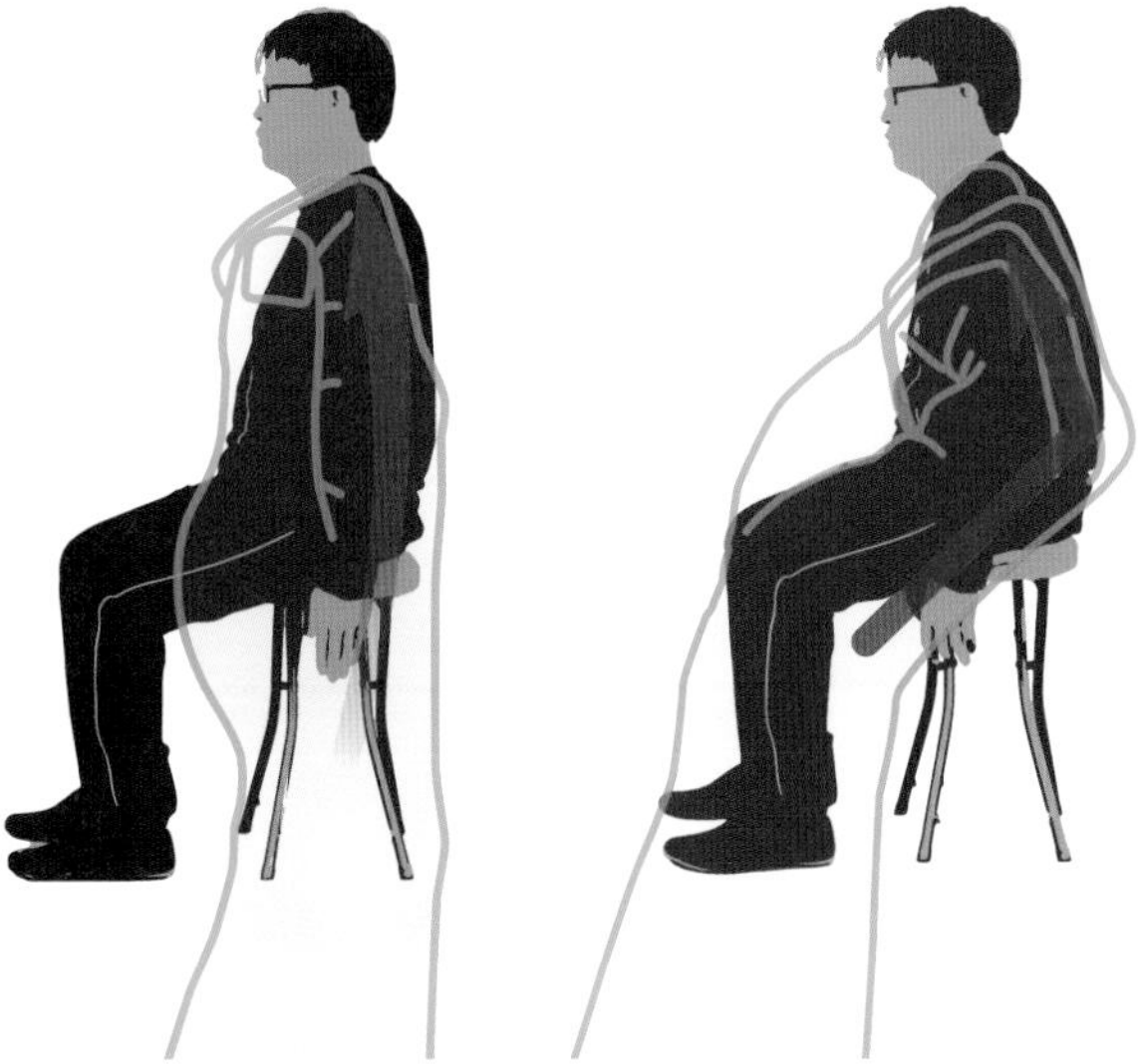

はなく、内側に「力が通った路」が「あるか」「ないか」ということです。つまりMP関節を「伸ばす力」と「曲げる力」が同時に存在する、いつでも変化できる「内圧」がある状態だということです。それにより生み出される威力や可変性、速度、発展性はまったく違うものになります。

日本語には「手の内を見せるな」という言葉がありますが、これはもともと剣術の刀の握り方（手裡《てのうち》）から由来するもので、見えざるそこにこそ、その人の実力が秘められていることによります。そこには世界でも稀に見る斬れ味を誇る日本刀を、両手で扱うからこそ養われた極みともいえる身体文化があり、文字通り「小手先」で誤魔化せるようなものではありません。それゆえに具体的に手の内をどう作るかについてはあまり言及されることはほとんどなく、秘伝に属するものといえます。

改めて鏨手を見る時に、第二関節が作った刃をMP関節以下の手の内を適切に働かせることで、揃わせて「刀線《とうせん》刃筋《はすじ》」を作っていることに気がつくのではないでしょうか。そう考えると鏨手はこれまで秘されてきた剣術の手の内を作るものであり、その鏨手で行う**揺腕は「刀線刃筋」を身体に通す運動**ということができます。

こう書くとなにやら難しく感じるかもしれませんが、実際に行うことは腕を振るだけです。繰り返しの運動のなかで少しずつ揃えていけば良いことです。

手の内にある「器用」という断絶

ここまで書いてきたことが揺腕の基本です。小筎と開手、同じ開手でも形によって得られる感覚が違うことに気がつかれたことと思います。それほど私たちの手は高度に進化したものであり、それこそが人間が人間たる所以ともいえます。

一方で、この手が進化したことで見えづらくなったのが基準性です。木の枝を掴んで移動していた頃の手と、今日の我々の手では使い方はもちろん、手と身体の関係も違っているはずです。それはお猿さんが手で枝を掴み、木を渡っているのを見ればわかります。握力はもちろんですが、枝を掴んで木を渡るためには、上手に自分の身体や運動と手を一致させる必要があり、自ずから物理的な基準に沿った動きとなります。もっと近い例を挙げるなら、鍬《くわ》を振るという運動です。畑を耕すために鍬を振る際には、身体の真ん中で鍬を両手で握り、全身の力で振り上げ、振り下ろすことを繰り返します。より効率よくこの作業を行うためには、垂直・水平基準にできるだけ沿う必要があります。この時に鍬を握る手や指は、状況に応じて緩めたり締めたりといった微調整をして、鍬と人との間を結びつけつつ、鍬を振る軌道が基準性に沿うように調節してくれているわけです。

ところがコンバインで畑を耕すようになると話が違ってきます。手指は鍬と人とを結びつける代わりに、ハンドルやレバー、ギアを上手に操作することになります。そこにはもう基準性は必要ありません。**極端にいえば近代の文明の進歩とは、こうした身体と基準性との乖離だといえるでしょう。**それはあまりにも器用な手指を持った人間に与えられた福音であったと同時に、自然から切り離される存在であることを定められた運命なのかもしれません。

ややお話が壮大になってしまいましたが、揺腕で小笏を指に挟んだり、手の形を色々細かく定めたりしている理由は、**あえて手指を拘束することで、この器用すぎる手指に基準性を取り戻すため**なのです。武術では「武器を手の延長のように使う」といわれますが、それが難しいのは私たちの手の内に、器用という名の大きな断絶が無数にあるためです。その断絶を総《すべ》るには、**「挟まずに押さえ」「握らずに握り」「伸ばさずに伸ばす」手指の使い方をする必要があるのです。**

勘の良い人はここで、

「あれ、それって刀禅の説明で出てきた、〝関節運動をせずに動け〟と同じじゃない？」

と思われるかもしれません。お客さん、よくわかりましたね！　その通りです。刀禅で行われている二人一組で行う相対稽古を、手の内で行っているのが揺腕の手だといえます。

つまり揺腕は、

・手の内の基準を作りつつ、

・その手を指標にして身体の基準に沿わせる

という構造になっているわけです。ですから手の基準が厳密になればなるほど、身体の基準性も明確になるというわけです。

また、先ほども書いたように、手指と身体は密接に関係しているので、**手を変化させることは身体を変化させる近道**でもあります。このあたりの手と身体の関係性がどういうものであるのかは、まだ未解明な部分が多いのですが、伝統的な武術や踊りなどで指の形が細かく指導されているのは、見栄え上の問題ではなく、指先にまで神経を行き渡らせることで、身体全体に影響があるからだと考えられます。近年ではロルファーの扇谷孝太郎さんがご自身の著書『バレエ ターンアウト再レッスン』（日貿出版社）のなかで、離れた筋肉同士が共鳴関係にある「筋共鳴」というアイデアを発表されていて、指先の動きと体幹の動きが関連していることを紹介されています。また密教や修験道、ヨガでは印（ムドラー）と呼ばれる様々な手の形があることを考えると、古代から手と身体、心が強く結びついていることを知っていたようにも思えてロマンを感じます。

またそこまでいわずとも、手は、緊張している時はギュッと握ったり、人を招き入れる時は手を開いたりと、感情がよく表れる場所です。コップの握り方ひとつからでも、その人の器用さが現れるところです。逆にいえば**手指をうまく躾**《しつ》**けられれば、心身全体に影響があるともいえる**わけです。「神は細部に宿る」という言葉も、こう考えると「さもありなん」という感じがしますね。

以上のようなことから揺腕では小笏を使ったり、開手でも様々な形を定めたりしているわけです。

道具から基準性を養う

小笏に関連して、**道具と身体**についても触れておきましょう。

基本的に私たちの身体は動くことを前提としています。当たり前のことですが、生きている限り、内臓を含めた身体を完全に静止するということはできません。まさに「動物」なのです。その動物のなかでも人間は二本足で移動するという珍しい生き物武術に限らず、日本の伝統的な芸事には、道具を使うものが多くあります。
日本人は古くから「物を使う」ことでそこに現れる身体性と身体の躾けかたに気がついていたのかもしれません。

です。左右の足を交互に動かすなかでバランスを保ちながら、そこに基準性を保ち続けることを宿命として選んだ生き物といえるかもしれません。そう考えると、踊りやスポーツを含む身体を使った表現方法や技芸は、相対的な基準性を互いに発表したり試し合ったりしているともいえます。

そうしたもののなかには、道具を使うものも少なくありません。例えば日本舞踊であれば舞《まい》扇《おうぎ》であり、お茶であれば茶器や柄杓、書道であれば筆や硯、野球であればバットなど様々です。

こうした道具は、ものを作ったり、なにかを行ったりするために使われるものですが、同時にその**道具の使い方を通して自分自身の動きや基準性が顕れます。**なかでも武術は、その基準性の精度に生き死にが賭けられた技芸です。そのなかでも独自の反りと凄まじい斬れ味を持つ日本刀を両手で扱う日本剣術は究極ともいえるでしょう。

新陰流には「刀中蔵《とうちゅうぞう》」という言葉があり、自分の身を自分が構える刀のなかに隠してしまうことを意味すると伝えられています。これは単に構えの心構えを指しているのではなく、より精緻に自然の基準性に身を沿わせることで生まれる身体が前提にあるのではないかと考えています。それは限りなく細く強く、同時に途方もない太さと安定度を持った身体であり、それを日本刀が持つ厳格な刀線刃筋に一致させることが、両手で一振りの剣を扱う日本剣術の精華だと思っています。

ややお話が逸れてしまいましたが、ここで述べたかったのは、**自然の基準性に身を沿わせるためには、外形的な基準を介入させることが有効だということ**です。実際に、小笏を使って腕を振るのと開手で振るのとでは、垂直・水平の捉え方が違うはずです。

当然持つ道具によっても変わってきます。揺腕の講座では1メートルの竹尺（長《ちょう》尺《じゃく》）やステンレス製の「金尺《かねじゃく》」などを用いて稽古しています。基本的には長くなるほどにズレや動きの狂いが明確になり、より精密に基準に沿うことが要求され、基準性を養うことができます。

長尺を使った揺腕法

腕の軸を通す「腕震《わんしん》」

揺腕を行う上で意外に難しいのが、腕から無駄な力を抜くことです。ここまでの説明してきたように、揺腕は腕の重さを使った振り子の運動を利用して行うものですが、実際には自分で腕を振り続けなければ成立しない運動です。そこに生まれる「する（能動態）」と「される（受動態）」との間にある「中動態」が重要であることはすでに書いた通りです。

したがって腕の振りも肩から力が抜けて、錘《おもり》をつけたヒモのように、腕全体に撓《しな》りと内圧があることが理想的です。とはいえ慣れないうちはなかなか力加減がわからず、苦労する方が多いようです。稽古を見ていると、時折軍隊の行進のようにパキパキッと腕を厳しく振っていたり、肘が曲がっていたりすることがあります。

そこでここでは立って行う揺腕の説明をする前に、腕の軸を作る「**腕震**《わんしん》」という運動を紹介しておきます。とても簡単なので、揺腕と同様ちょっとした隙間時間に行ってみてください。

腕震で腕を通す

手を自然に開いた状態で、**側中面に沿って指先を床に向けます。**この時、中指を床に対して垂直に、指先から出ているレーザーが、地球の中心に向かって伸びているイメージです。実際に指を無理に伸ばす必要はありません。椅子に座って行っても、立って行っても大丈夫です。身体を真っ直ぐに、腕が側中面に揃うようにしてください。

中指を軸に手をできるだけ速く回外・回内させます。中指が大きく垂直軸からブレないようにしてください。手がドリルで、床を掘っていくようなイメージです。中指があまり大きくブレるようなら、速度を緩めたり、回転幅を小さくしたりしてく

側中面

中指を真っ直ぐ、垂直に床に向けます。

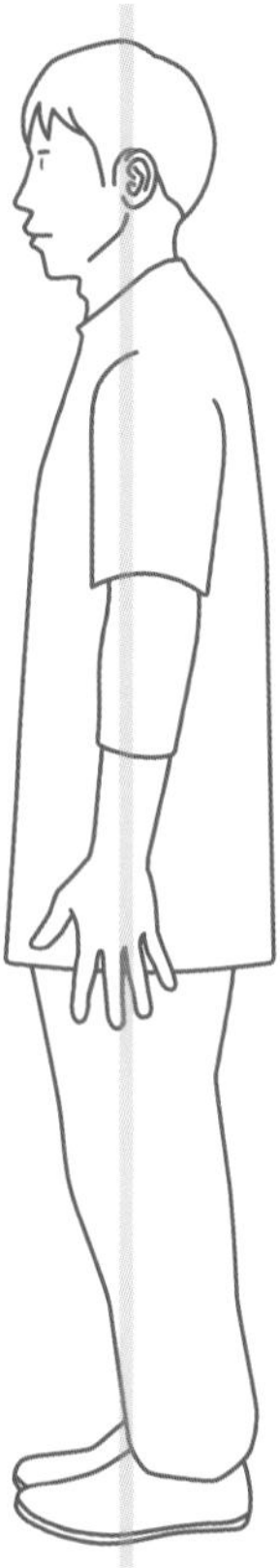

中指を軸に手を回転させます。手首、肘、腕全体、と回っている場所を替えながら行いましょう。

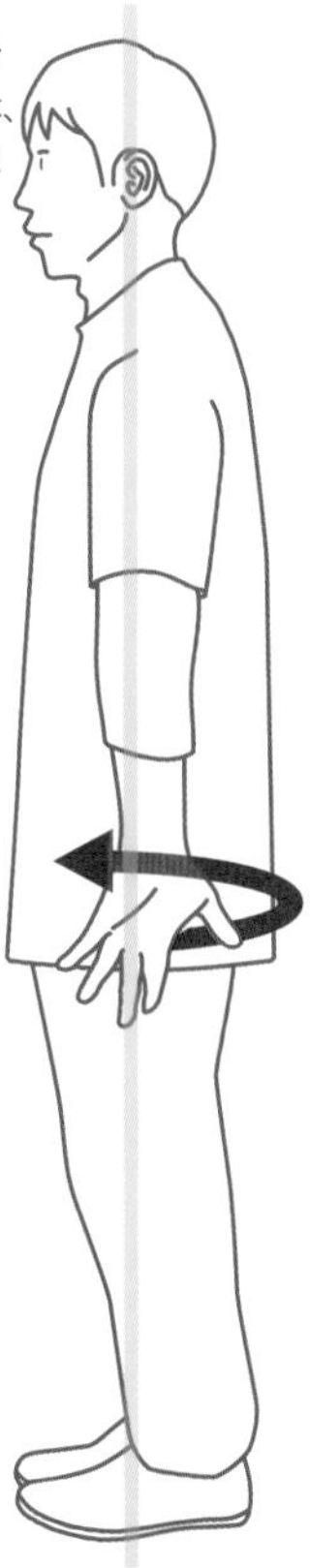

ださい。

中指の先から手のひらのなかにある中指骨、橈骨と尺骨の真ん中、上腕骨の中心が一本の軸で繋がるイメージで行います。

回転を続けながら、腕の角度を変えたり、指先をまとめたり、広げたり、色々試してみてください。慣れてくると、角度や形を変化させることで、腕のなかの軸や、振動の深度が、手首や前腕、上腕、肩、さらに腰へと変化することが感じられるようになります。

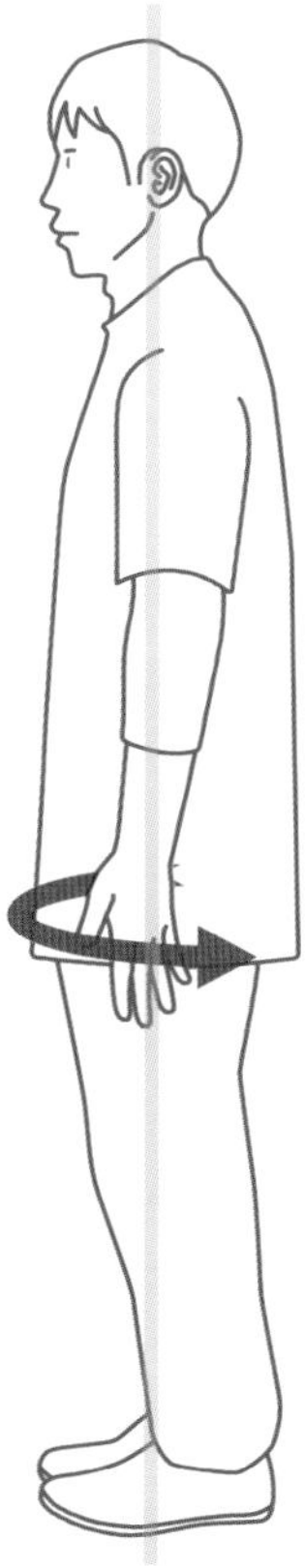

できるだけ中指が床に対して垂直になるように回してください。
速く回すのに慣れたら、中指を軸に、ゆっくり回しても良いでしょう。

いかがでしょう？　揺腕と同じくとてもシンプルな運動ですが、腕のなかの軸性についてはどこまでも追求できます。中指にしっかり軸が通った感じが出てきたら、他の指で行ったり、指の間で行ったりしても良いでしょう。実際にこれを続けた方からは、「パンチ力がびっくりするほど上がりました！」「肩こりが解消されました」という感想をいただいています。

全身の撓《しな》りで立って行う

基本的に動き自体は座って行う揺腕と同じです。両足を揃えて立ち、膝は伸ばし切らず、弓のような弾力性や撓りがある感じです。座って行うのに飽きた時や、電車の待ち時間などに行っても良いでしょう。

ちょっとしたタイミングに「息を吸うように行う」ことが大事なのです。

正中面
（正中軸）

立って行う揺腕の基本的な姿勢です。足は閉じて、つま先を正面に向けます。腕は側中面に沿って下ろし、中指は床に対して垂直になるようにします。

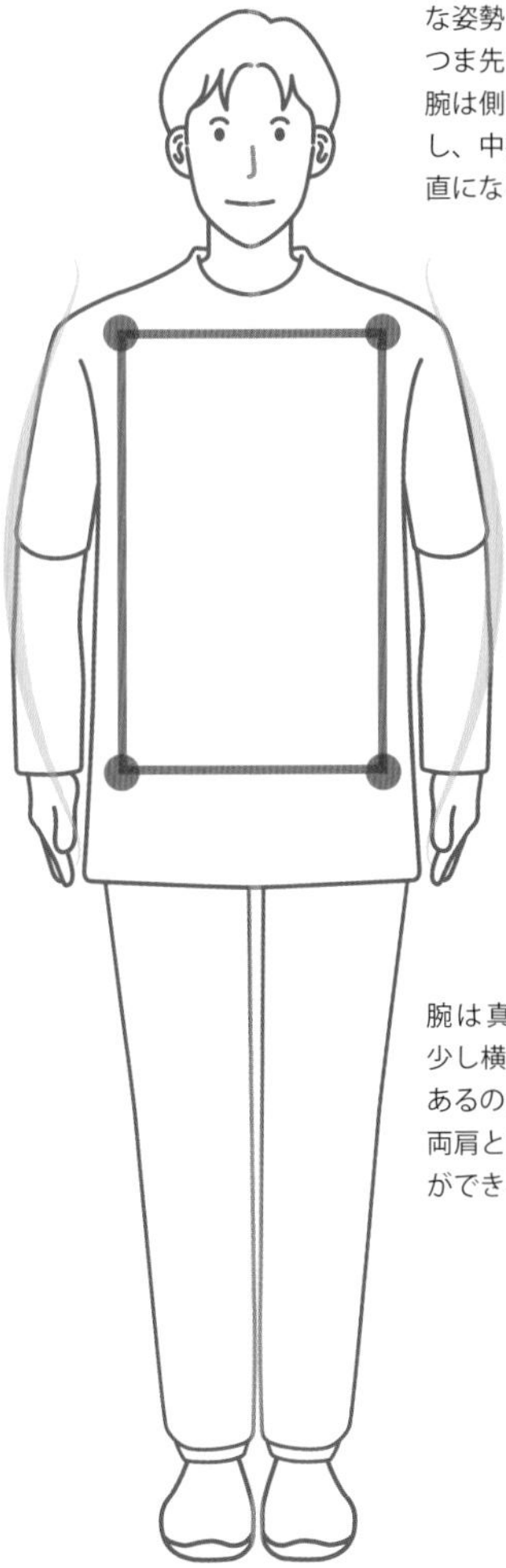

腕は真っ直ぐ伸ばさず、少し横に張り出す感じがあるのが理想的です。両肩と両肩と腰で長方形ができるようにします。

動きや注意事項は座って行うことと同じです。小笏、開手、鑿手で、それぞれ左右同時、交互に行ってください。

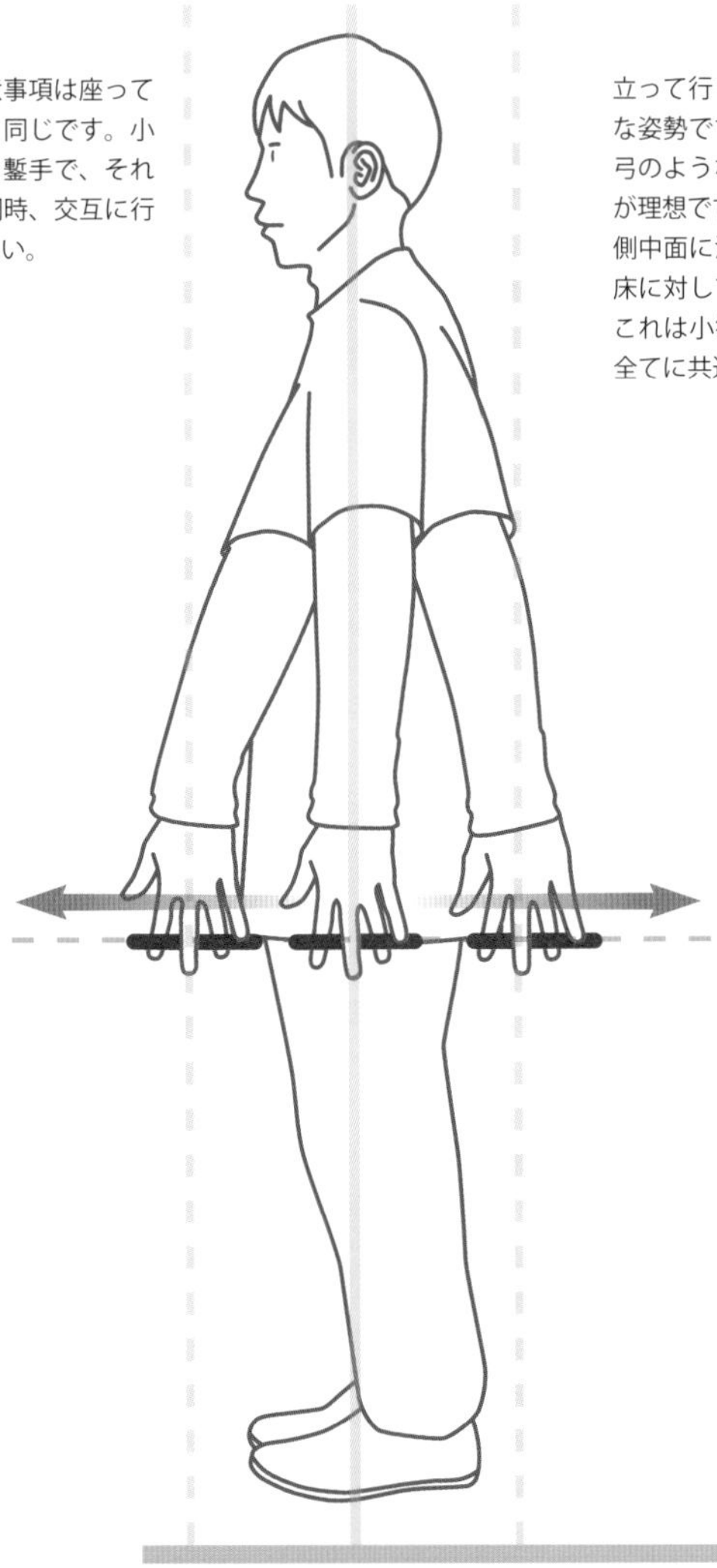

立って行う揺腕の基本的な姿勢です。背中と脚に弓のような撓りがあるのが理想です。
側中面に沿って、指先は床に対して垂直にします。これは小笏、開手、鑿手、全てに共通します。

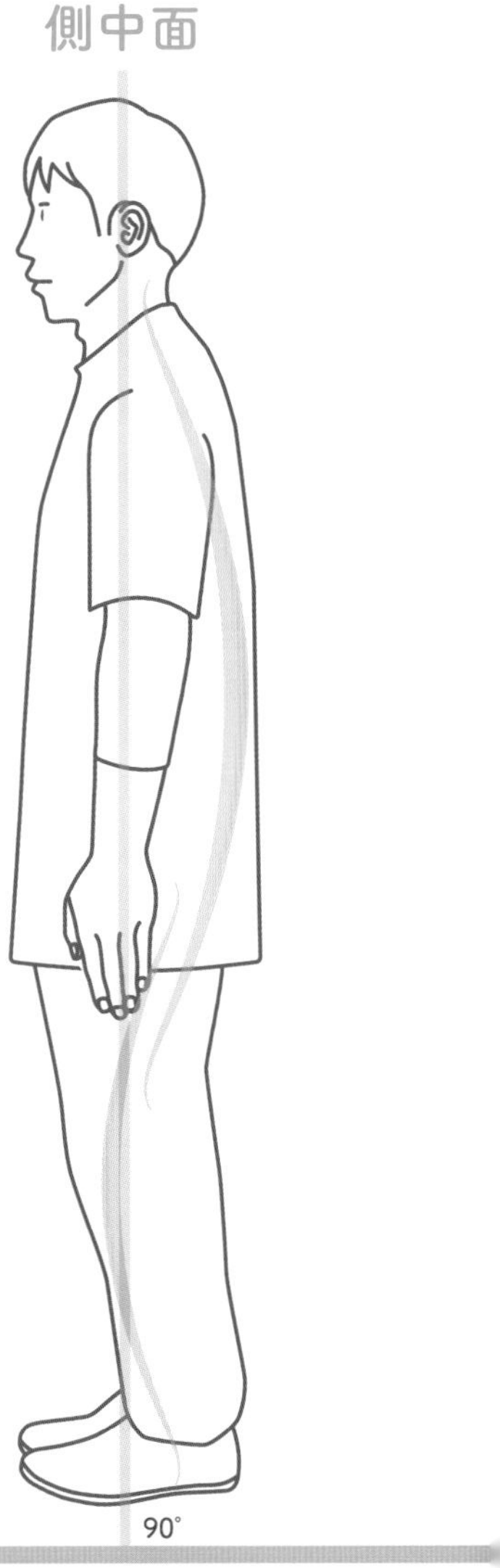

両手が揃った揺腕

左右交互の揺腕

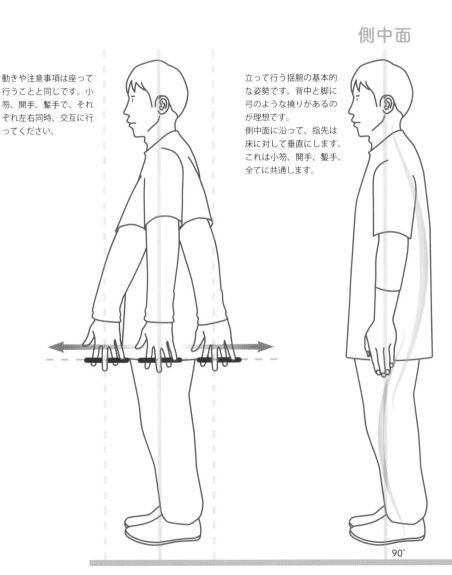

立って行う揺腕

写真では紹介していませんが、座った時と同じように、小笏を横に持ったり、手を横向きにしたりします。動画を併せて参考にしてください。

開手で両手を揃えた揺腕

前後の振り幅が同じになるように、腕が側中面にきた時に、中指が床に垂直になるように意識しましょう。

小笏で両手を揃えた揺腕

前後の振り幅が同じになるように、腕が側中面にきた時に、小笏が水平に、中指が床に垂直になるように意識しましょう。

開手で左右交互の揺腕

身体を大きく捻らずに、両肩と腰の長方形が崩れないように振ってください。

小笏で左右交互の揺腕

身体を大きく捻らずに、両肩と腰の長方形が崩れないように振ってください。

鬆手で両手を揃えた揺腕

横の開手で行う円弧の揺腕です。注意事項は座った時と同じです。肩の高さまで上げてもOKです。

指先をまとめて揃えた揺腕

注意事項は座った時と同じです。肩の高さまで上げてもOKです。

鬆手で左右交互の揺腕

身体を大きく捻らずに、両肩と腰の長方形が崩れないように振ってください。

指先をまとめた交互の揺腕

身体を大きく捻らずに、両肩と腰の長方形が崩れないように振ってください。

基準性を保ったまま「歩く」

次の紹介するのは、基準性が一番破綻しやすい「歩き」のなかに、ここまで作ってきた基準性を繋げていく作業です。

腕を前後に振るのはこれまでと同じですが、腕を振る外動的な運動を身体のなかに収め、内動的な運動に転換して、歩きにしていきます。

こう言葉にするとなんだか難しそうですね。

ここまでの過程を氷の張ったタライに例えて考えるとわかりやすいかもしれません。止まった状態での揺腕は、氷のように固まった身体を、腕を振ることで徐々に溶かす（身体を緩ませる）作業といえます。

ただむやみに振って溶かす（緩ませる）のではなく、そこに垂直・水平という基準性を持つことが揺腕たる所以です。徐々に溶け出した水が大きく波のように**揺蕩《たゆた》い**※ながらも基準性を守り、タライから溢れないように揺すっている感じです。実際に揺腕を行っていると、身体のなかが前後にゆるやかに揺れているのを感じるでしょう。

※揺蕩う・揺蕩い　（たゆたう・たゆたい）ゆらゆらと揺れ動いて定まらない様子を表す言葉です。

正中軸《せいちゅうじく》が正中面《せいちゅうめん》になる

　また腕を交互に振る揺腕を続けるうちに、身体のなかに渦のような軸性（正中軸）が生まれる手応えがあったかと思います。ここではその渦的な軸性を失わないまま、歩くという運動に転換するのです。

　この時に足を**くの字立ち**にすることで、それまでの両手の振りで作っていた**左右の体側面を正中面にまとめる**ことがポイントです※。後ろ足の踵と前足の踵が一直線上に揃うことで、身体の真ん中を貫く正中面が明確になります。

　前に歩く時には身体のなかの揺蕩いを利用し、正中軸を保ったままくの字立ちで進めます。そうすることで正中軸が歩きの一瞬一瞬に切れ目なく存在し、前後に連なる正中面となるわけです。動きのどの瞬間を切り出してもそこに軸性があることが、結果として面となるわけです。いい方を変えれば、**運動は常に面性を持つ**のです。そして身体はその面性に乗っていく、あるいは乗せられた中動態のなかで動くのです。帆に風を受けた船が海面をスルスルと進むイメージに近いかもしれません。

※実際には体側面がなくなるわけではありませんが、便宜上ここではそう表現しています。

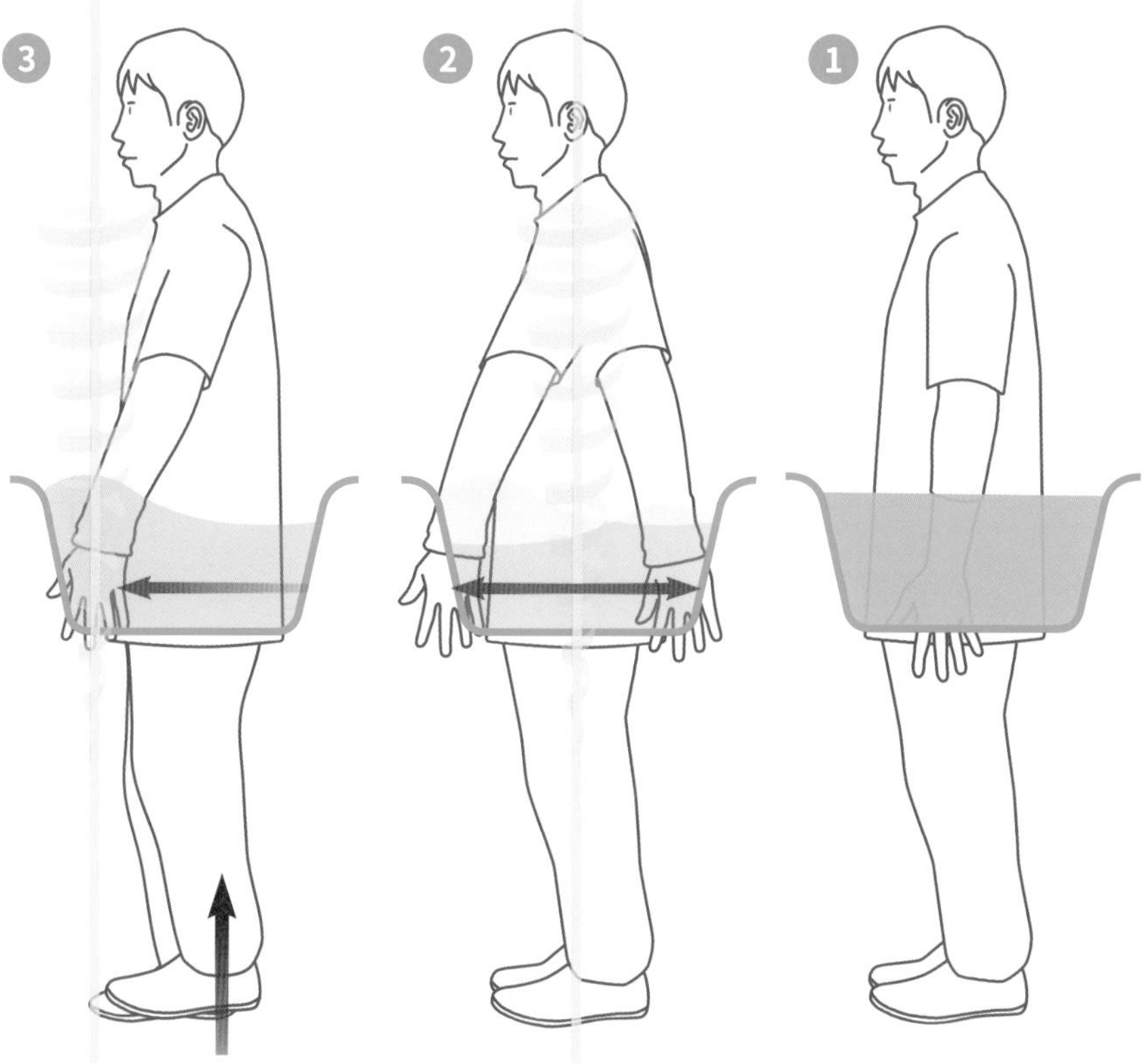

①揺腕を始める前は、タライの水が固まって、氷が張っているような状態といえます。

②揺腕を繰り返すことで溶けた氷が水となり、腕の動きに合わせてタライのなかで揺蕩い、やがて渦を作っていくイメージです。
ここでは両腕を一緒に動かしているイメージで説明していきます。

慣れたら左右交互に動かしてみてください。

③腕が前にいき、タライのなかで揺蕩う水が前にきた時に、後ろに下げる足を腰から少し上げ、

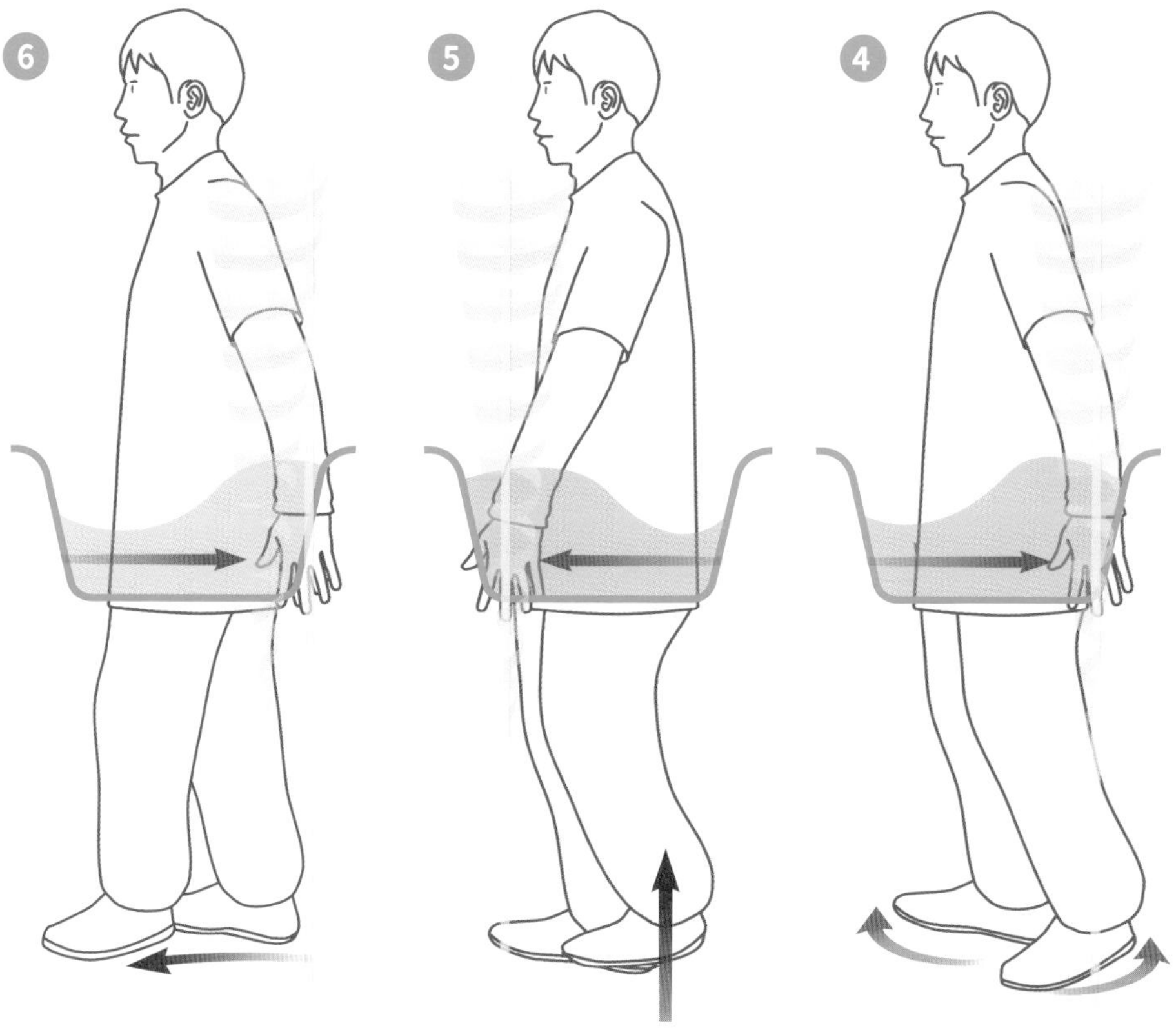

④腕が後ろにいくのに合わせて、左足を右足の踵に沿って後ろに引きながら、つま先を45°に開き、同時に右足のつま先も45°に開きます。

腕の振りが身体のなかの揺蕩いを僅かに先んじて誘導してくれる感じがあると良いでしょう。

⑤腕が前にいくのに合わせて、重心を前足に移動し、左足を浮かせます。

⑥腕が後ろにいくのに合わせて、左足のつま先を45°に開いて前に出します。

これを繰り返します。細かな足の開きなどは次の頁を参照してください。

①左右に体側面がある状態から、

②左足を引き45°に開くことで、左の体側面が身体の中心に移動します。

③さらに右足を45°開くと、右の体側面も身体の中心（正中面）にまとまります。

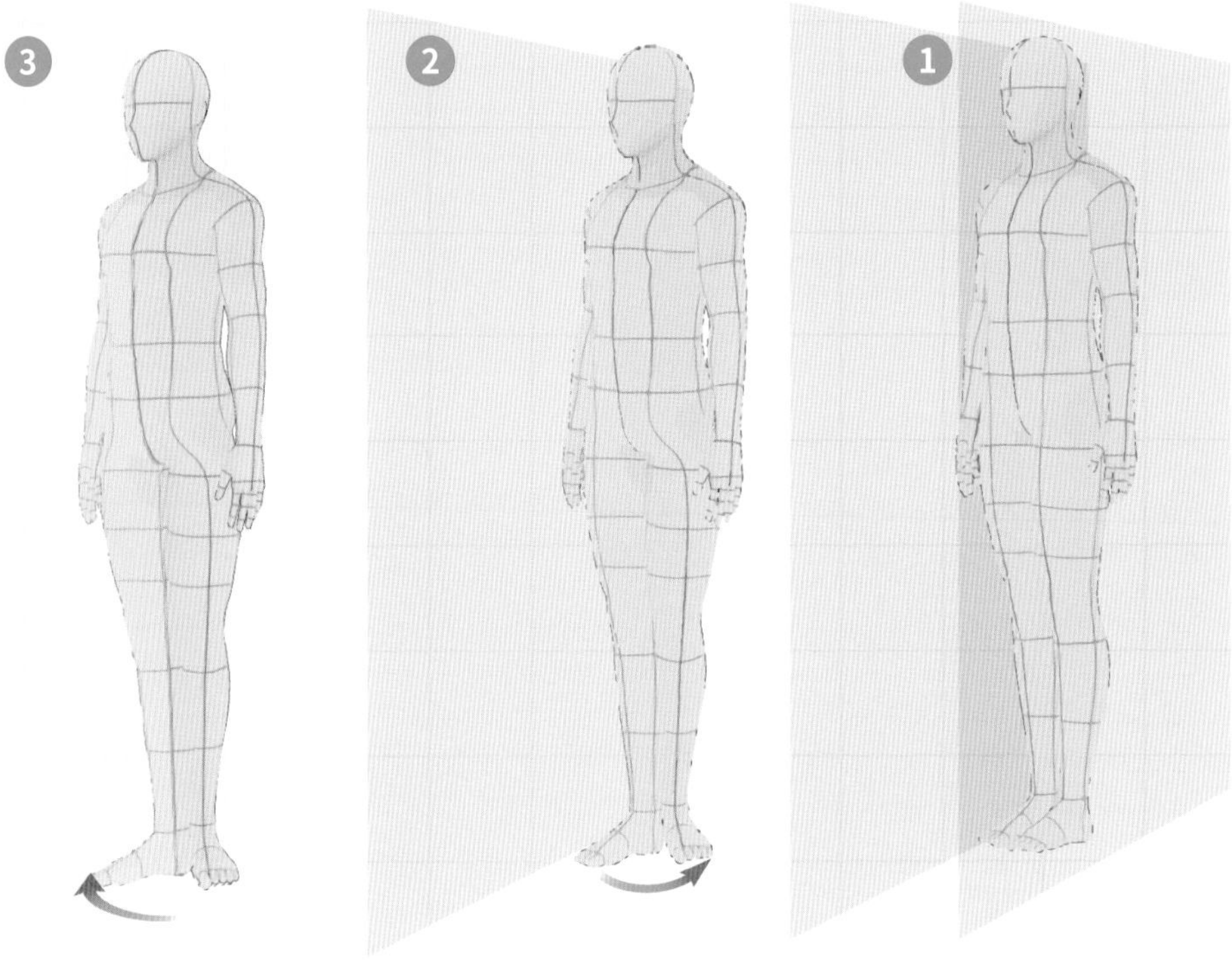

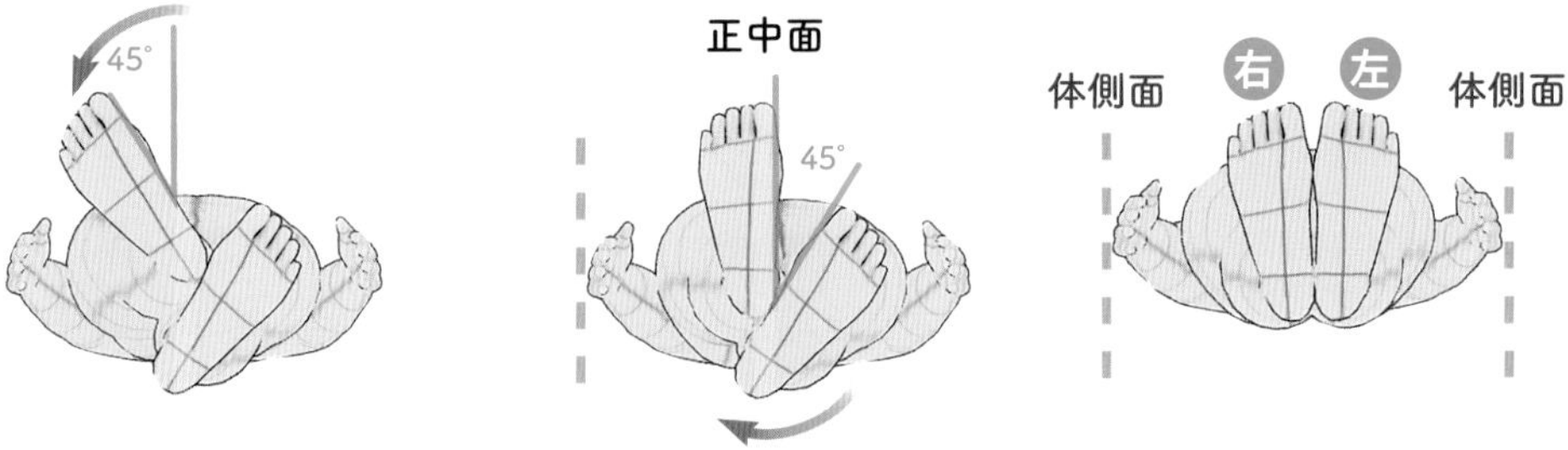

①足を揃えた状態から、

②右足の踵を軽くこすりながら左足を後ろに引きます。左足のつま先を45°に開いて、踵が身体の中心にくるようにします。

③右足の踵を左足の親指の付け根に当てながら、つま先を45°開き、くの字立ちになります。左足の踵の中心と右足の踵の中心が一直線上に揃います。

歩きのなかに顕れる「正中面」

進む時は、前にある足の踵を軽くこすりながら後ろ足を進めます。45°の角度を守ったまま足を運んでください。

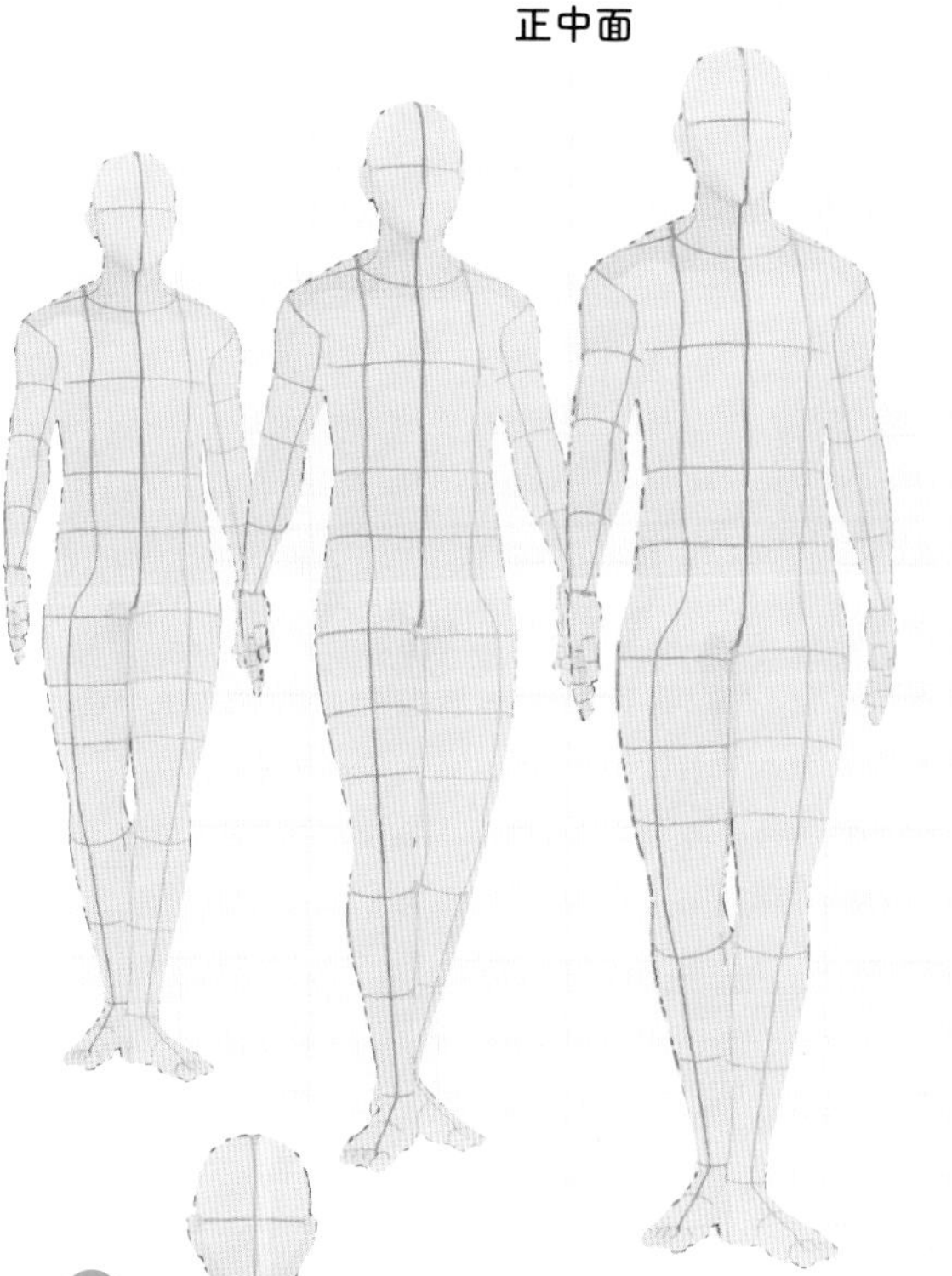

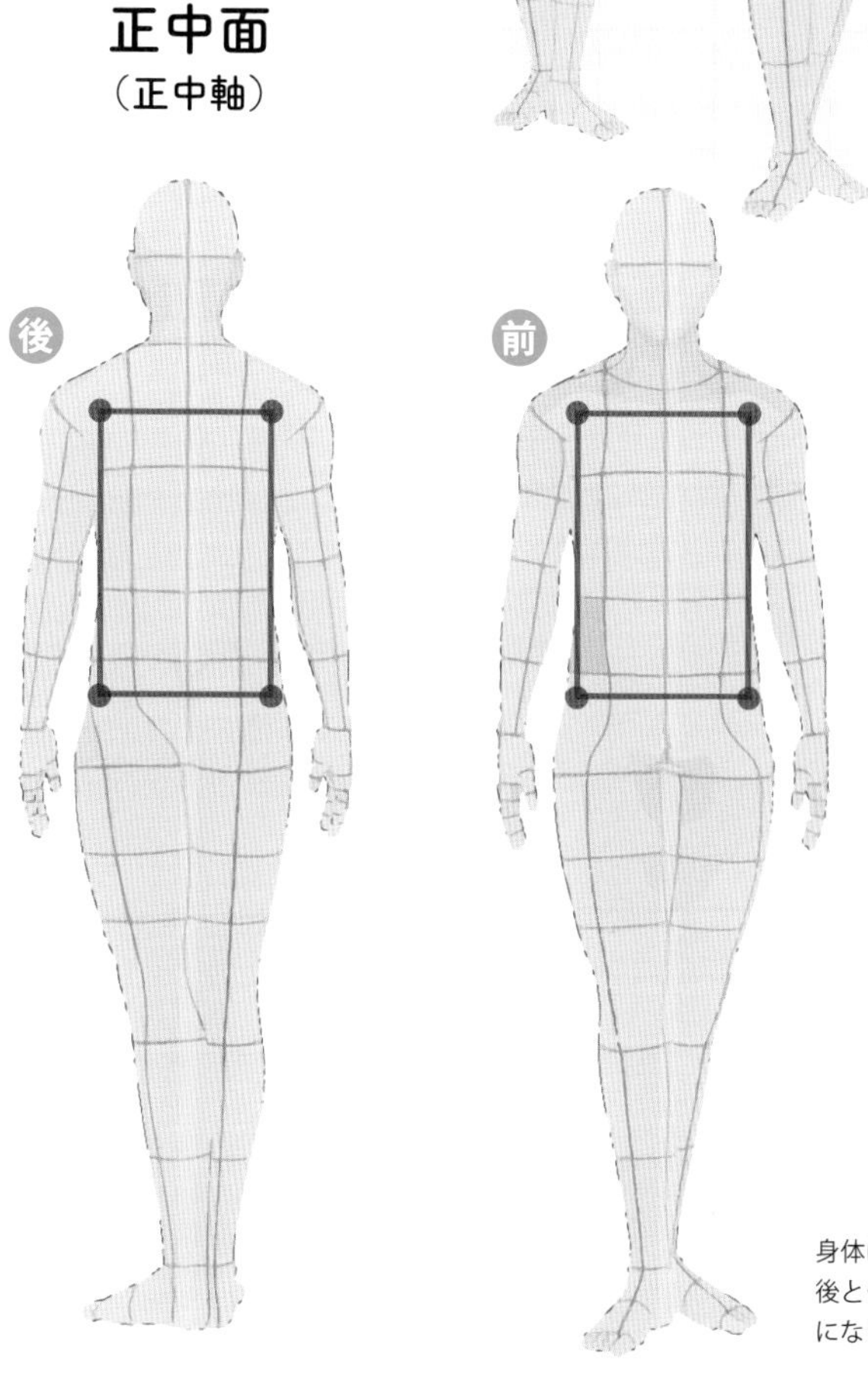

身体は斜めにならず、前後ともに長方形がある形になります。

動きのなかで正中面《せいちゅうめん》と側中面《そくちゅうめん》を感じる

また手の振りは小笏が水平に、中指が常に床や地面に対して垂直になるように振ります。そうすることで左右の体側面が明確になり、より正中面の感覚が強くなります。

腕の振りは左右同時、交互はもちろん、色々な振り方を試してください。特に、小笏を横に持って振ると、足の移動と重心移動が自然に同期して動くことに気がつくはずです。歩くというよりも、身体のなかで起きている波の揺蕩いに誘導されて足が自然に動く感じが出てくると良いでしょう。

また普段歩くなかで行うのもおすすめです。その時は足をくの字立ちにせず、普通の歩き方で大丈夫です。自然な腕の振りのなかで中指で垂直基準を意識することで、身体に側中面と正中面を染み通していきます。日常の稽古化が実は一番重要なのです。

①小笏を横に挟んだ姿勢から、揺腕を行います。

1

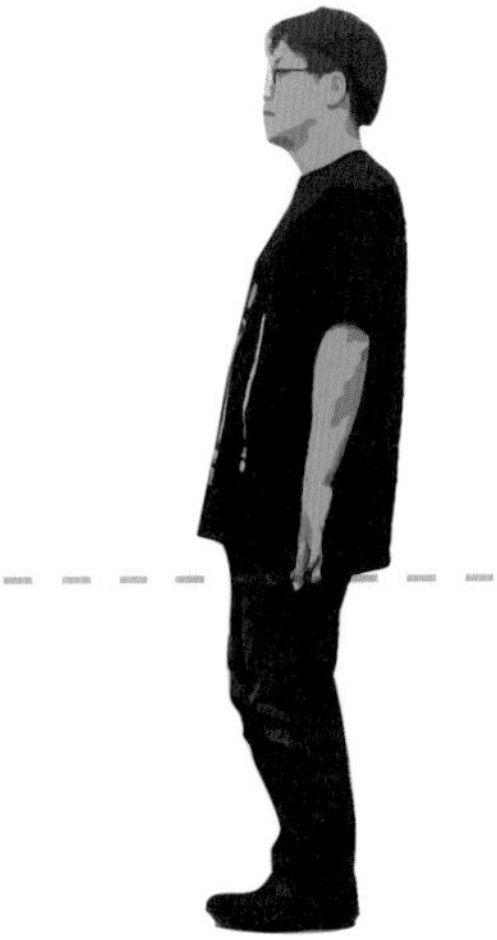

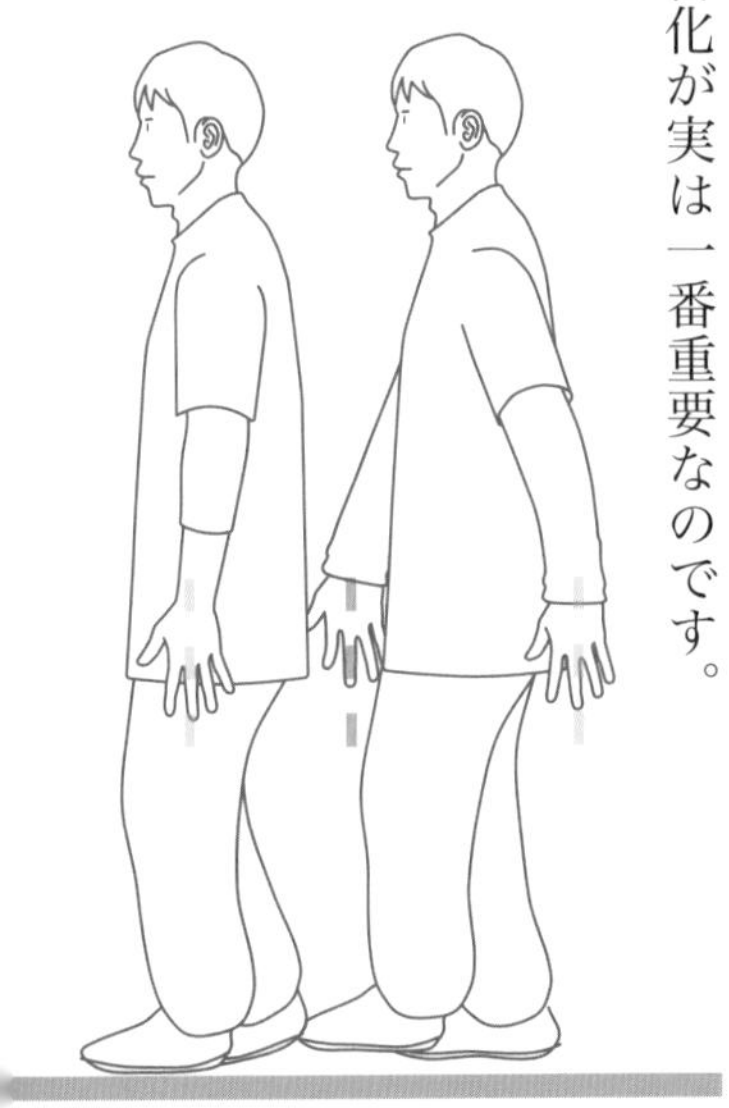

普段の歩き方+揺腕

②腕と身体のなかの揺蕩いに合わせて足を、踵に沿って下げ、

③前足を45°開きます。

④急いで動く必要はありません。腕と身体の動きを味わって、

⑤腕が後ろにきた時に、足を進め、

⑥⑦前にくる時に足を下ろします。これを繰り返します。

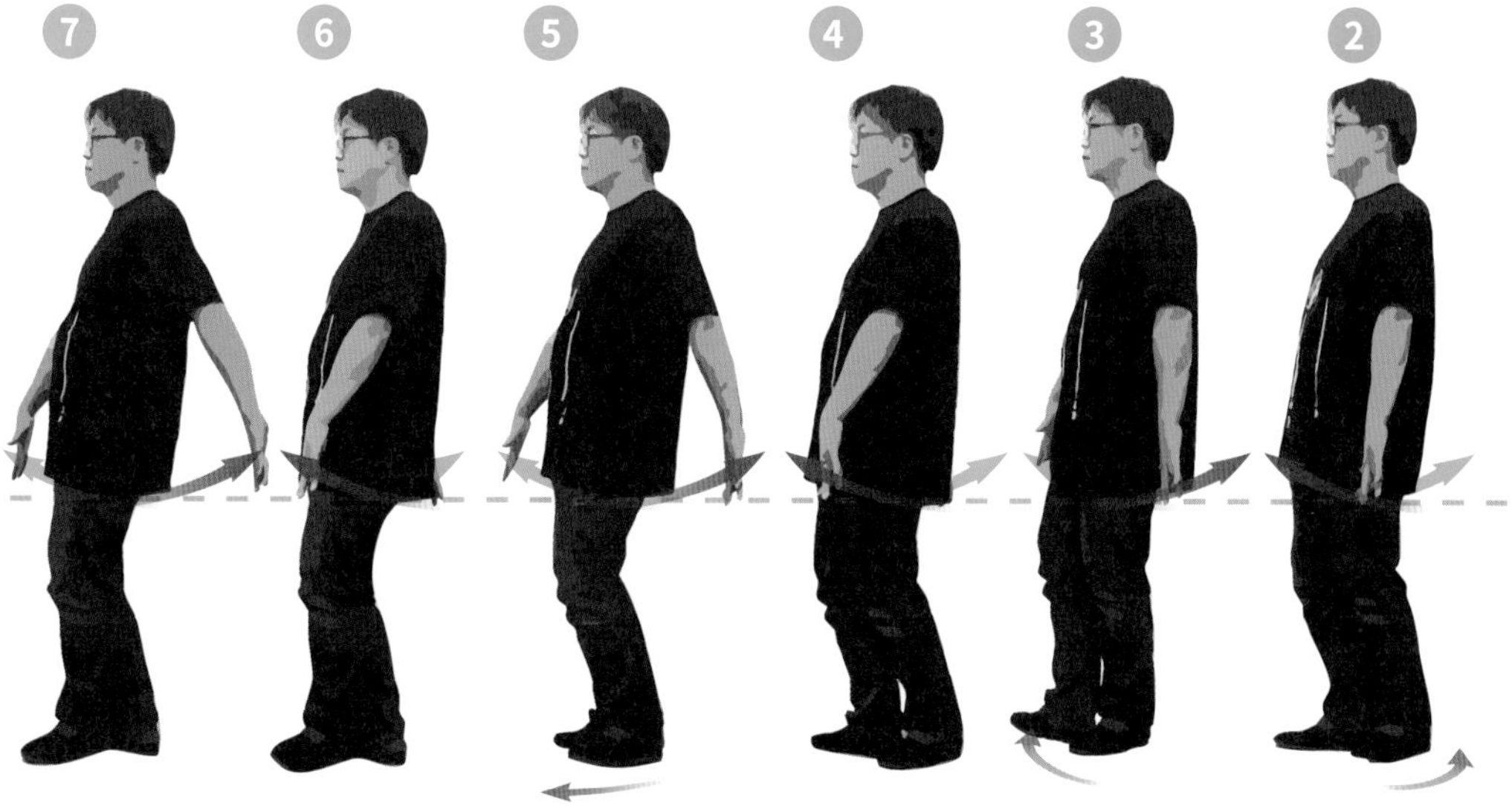

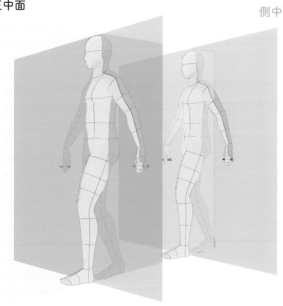

正中面

側中面

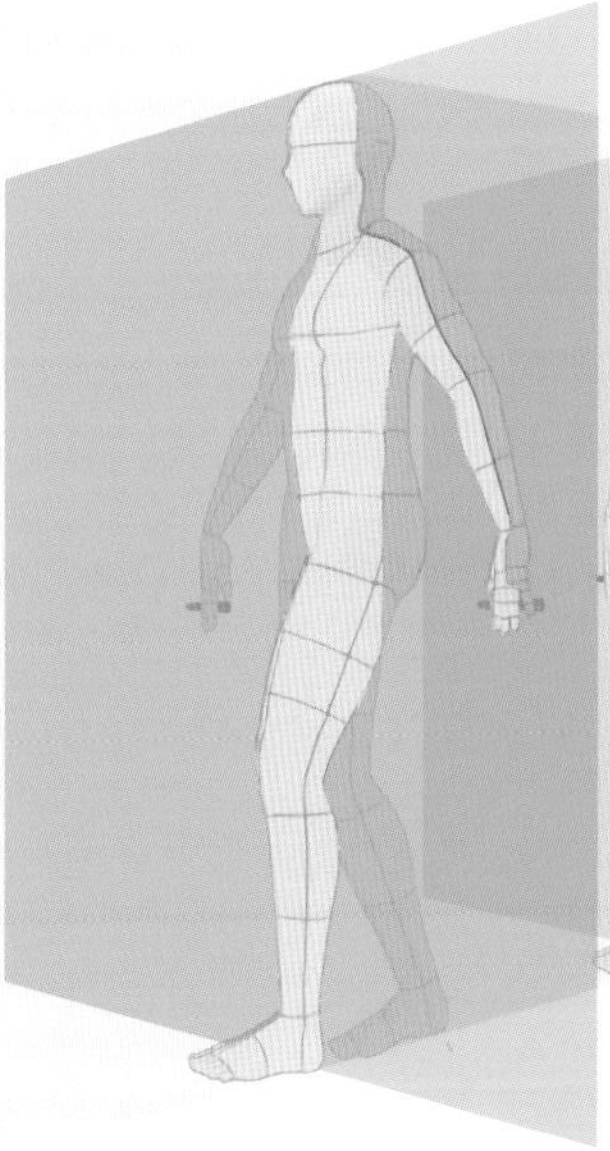

小笏を横に持って行うと、側中面の感覚がよく感じられます。

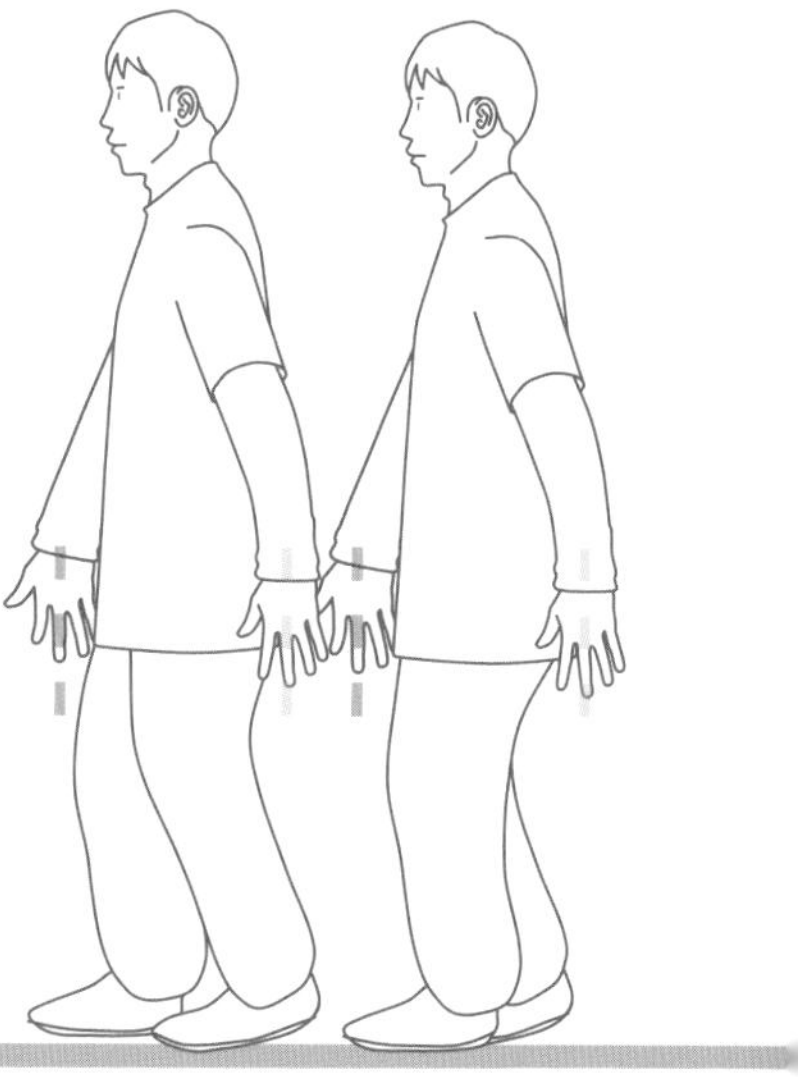

普段歩くなかでも中指を地面に垂直にすることで、面感覚が身に馴染んできます。

身に馴染むこと「振動」

ここまでご紹介してきた「揺腕」とその他の稽古法は、繰り返し書いてきたように、全ての運動の基準・土台を養うためのものです。最終的には呼吸のように、身体に自然に備わっている無意識レベルの仕組みにすることが理想といえます。

それには繰り返すことが必須なのですが、もう一つアイデアレベルでどこかに留めておいてほしいことをお伝えしたいと思います。それは「振動」という要素です。

私たちの身の回りには目に見える物理的な揺れを含み、音波や電波など様々な振動が存在し、意識的、無意識的に関わらずそうした振動を受け止めながら生きています。また私たち自身、様々な振動を発してもいます。動いたり話したりすることはもちろん、体温や心臓の拍動や全身を駆け巡る血流、神経のシナプスなどからも電波（振動）を発しているのです。ちょうど混乱したオーケストラのように、様々な楽器による音が身体の外からも内からも鳴り響いているような状態をイメージすると良いでしょう。多くの場合、普段の私たちはリズムも音もバラバラで統一感のない状態といえます。そして**揺腕の振り子運動はそのバラバラの振動に方向性と一定のリズムを与え**

るメトロノームのような存在だと考えられます。

特にそれを感じるのは、次（150〜151頁）に紹介する長尺《ちょうじゃく》を使った2〜3人で行う揺腕です。実際に行ってみると、続けるうちにバラバラだった動きが次第に揃い、自他の境界線が溶けていくような感覚があります。特に3人で行うと、2人の時に起きがちな争闘の情が起きづらく、他者を含めた中動態の間《あわい》、個我《こが》の境界線が溶解する感覚が深くなるようです。

基準に沿って腕を振るという中動態の運動を繰り返すことで、身体から私たちの「存在」という振動に働きかけ、在り方を根本から変えていくのです。だからこそ一旦馴染んでしまえば、腕を振らなくても内なる振動として、オン・オフの隔てなしに、いつでも身体のなかに響き渡っているものになるのだと考えます。またこれは揺腕に限らず、「身に馴染む」ということの本質だと思います。

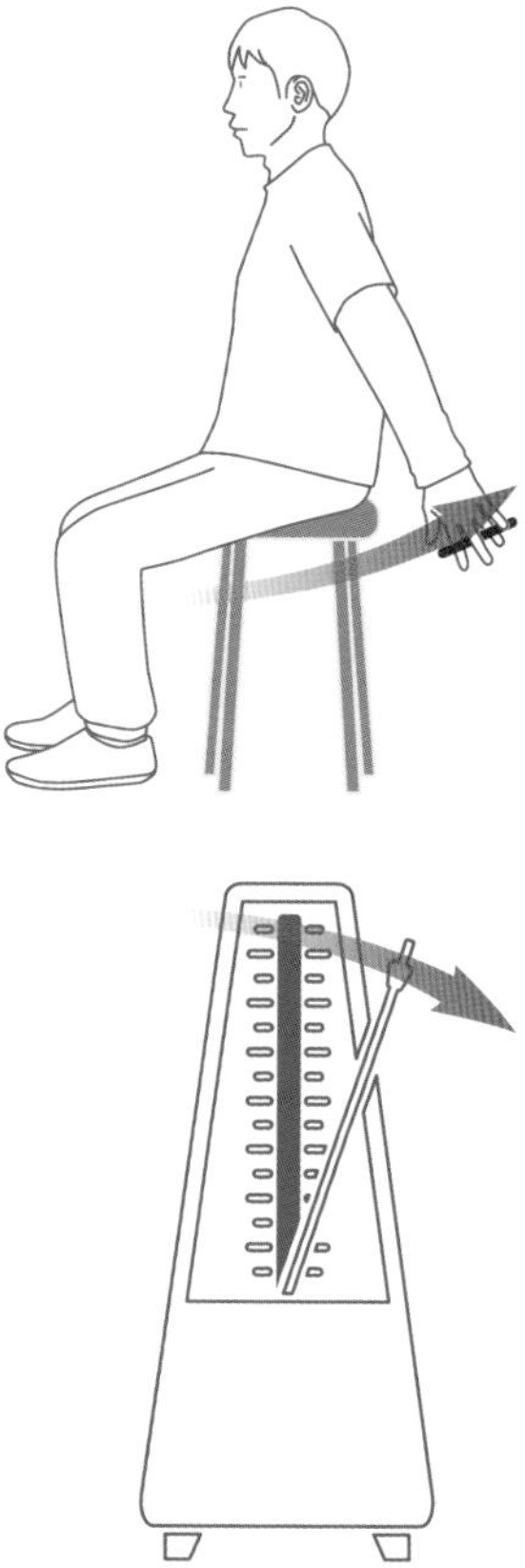

物理的に基準に沿って腕を振るという運動が、身体の内外の不協和音を整えているのかもしれません。

多人数の揺腕

長尺を使った多人数で行う揺腕は、「どこまでが自分の動きなのか」という**中動態的な要素に、「相手の動きを受け入れつつ、運動に参加する」という要素が加わります。**

一人ではスムーズに振れていたのが、二人で始めた途端にぎこちなくなったり、相手の動きとぶつかったりするでしょう。

それでも繰り返すうちに、次第に相手の呼吸に合わせて振れるようになってきます。

一人で行う揺腕が自分と重力との間《あわい》のなかで行っていたのに対して、二人以上で行う揺腕は、重力を介して自分と他者の境界を溶かす感覚が味わえるようです。パー

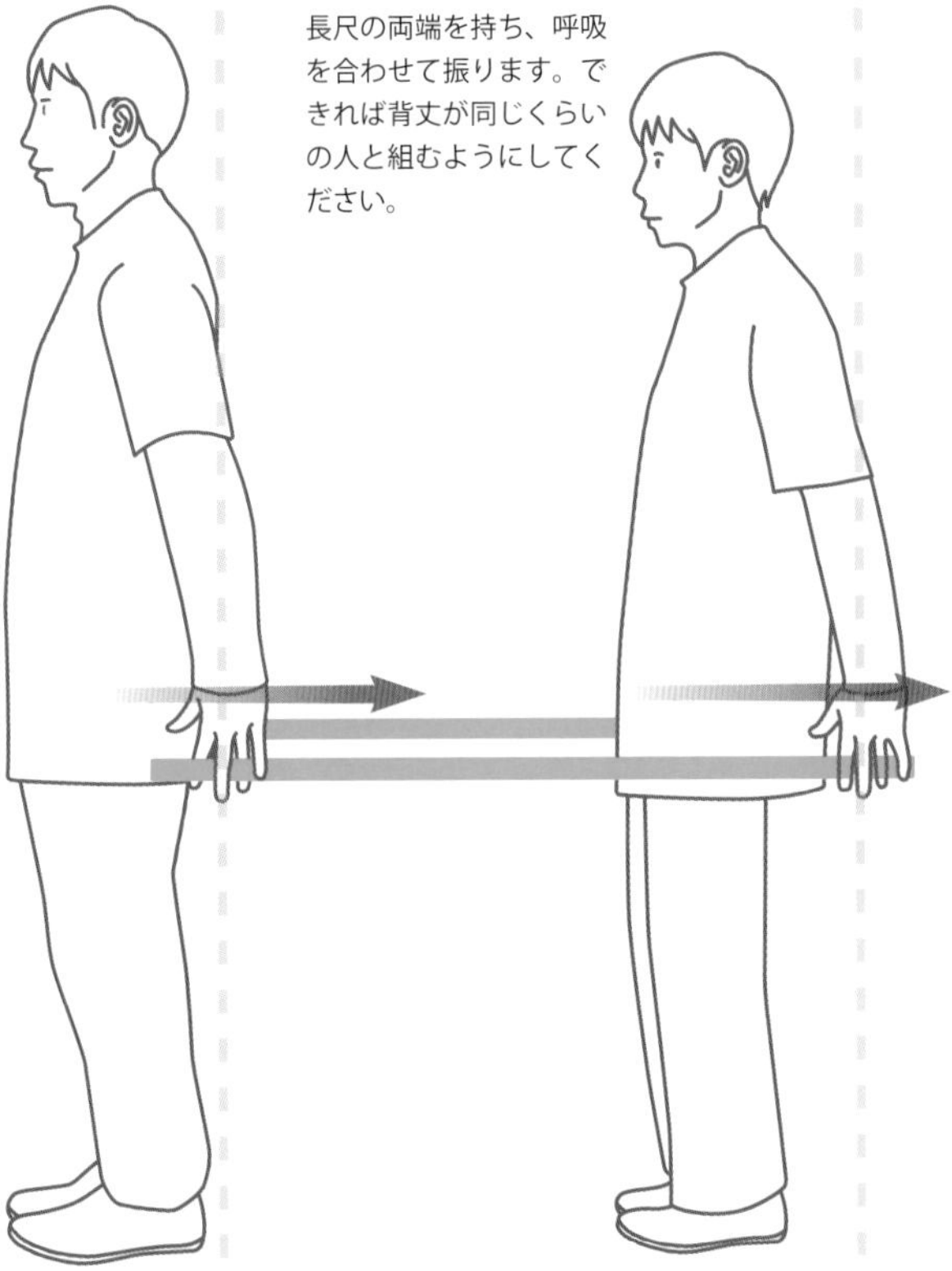
長尺の両端を持ち、呼吸を合わせて振ります。できれば背丈が同じくらいの人と組むようにしてください。

トナーがいる方はぜひこちらもトライしてみてください。

振り方や注意点は、小笏を水平に振るものと同じです。

1メートル程度の長尺を二本使って行います。

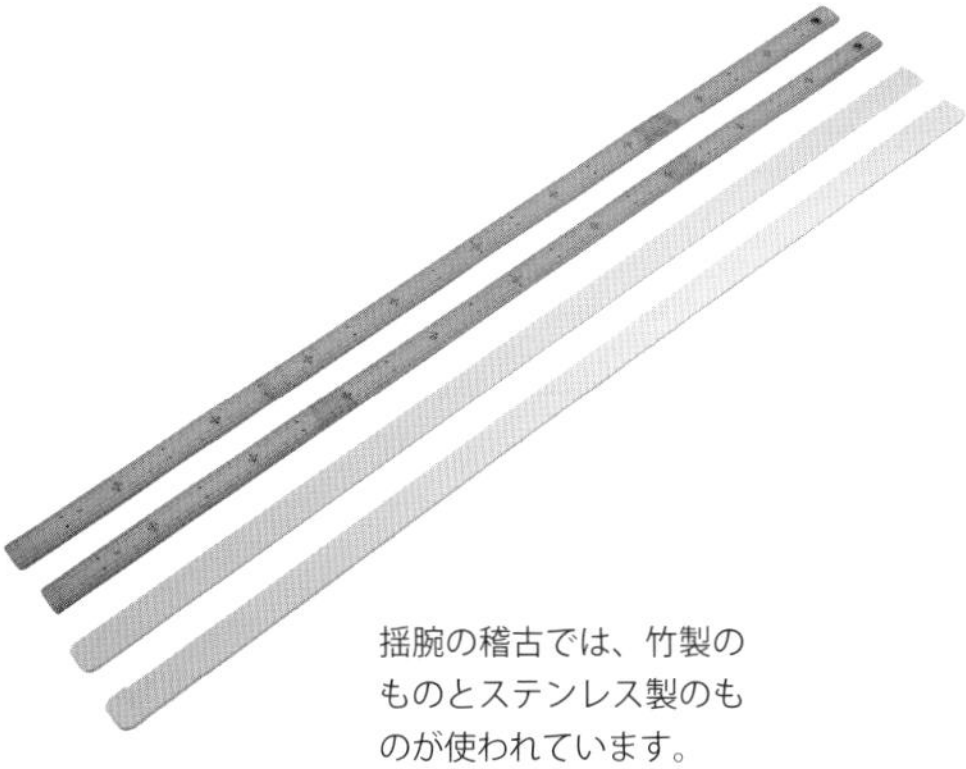

揺腕の稽古では、竹製のものとステンレス製のものが使われています。

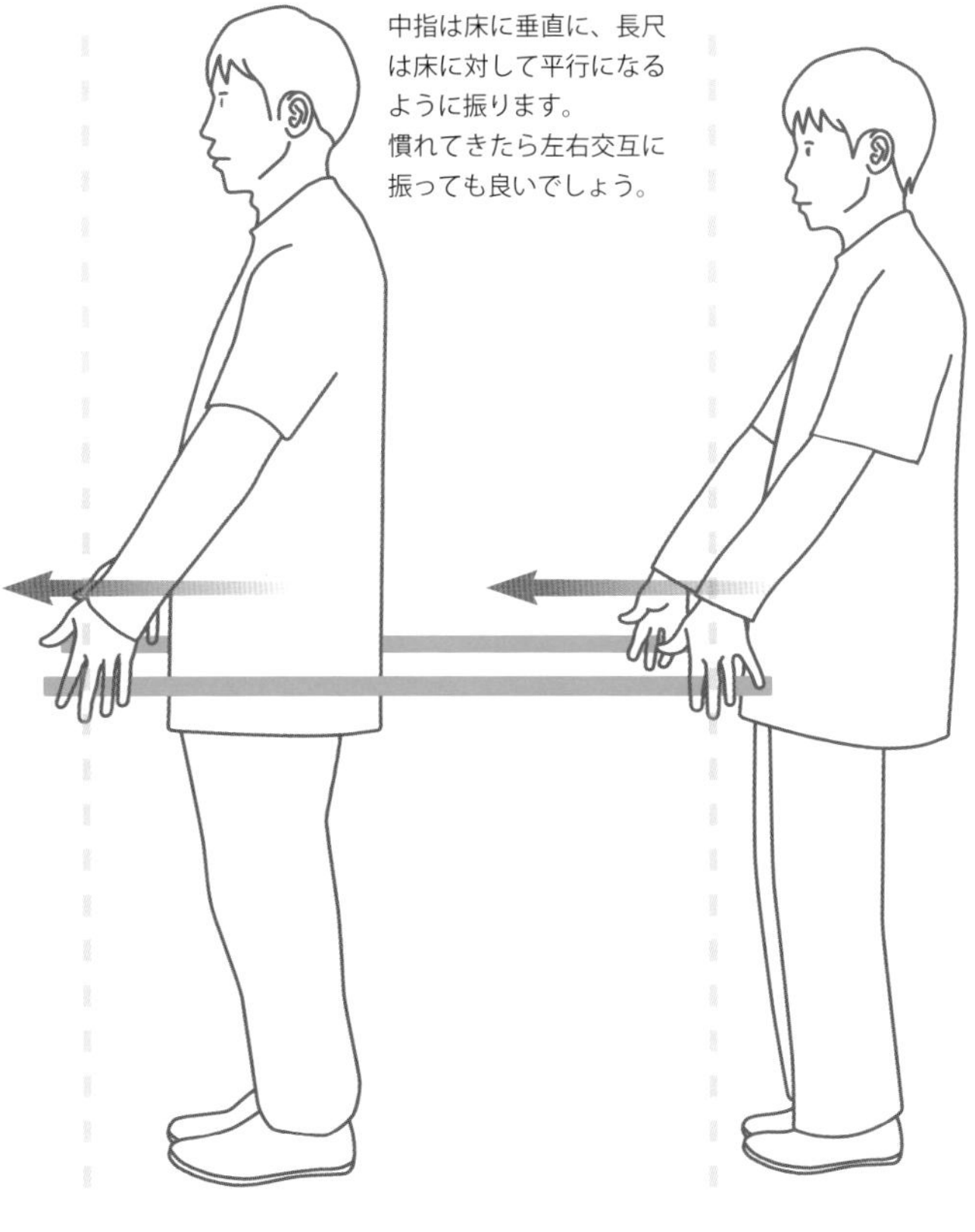

中指は床に垂直に、長尺は床に対して平行になるように振ります。
慣れてきたら左右交互に振っても良いでしょう。

正中面を味わう「合掌功《がっしょうこう》」

最後に紹介する合掌功《がっしょうこう》は、刀禅の稽古の終わりに行われるものです。

両手を身体の前で合わせて（合掌して）下ろすだけの簡単なものですが、**左右の側中面を正中面にまとめる根源的な運動**でもあります。

面性を味わうようにゆっくり行っても良いですし、腕の重さを感じられるように少し速めに行ってみても良いでしょう。

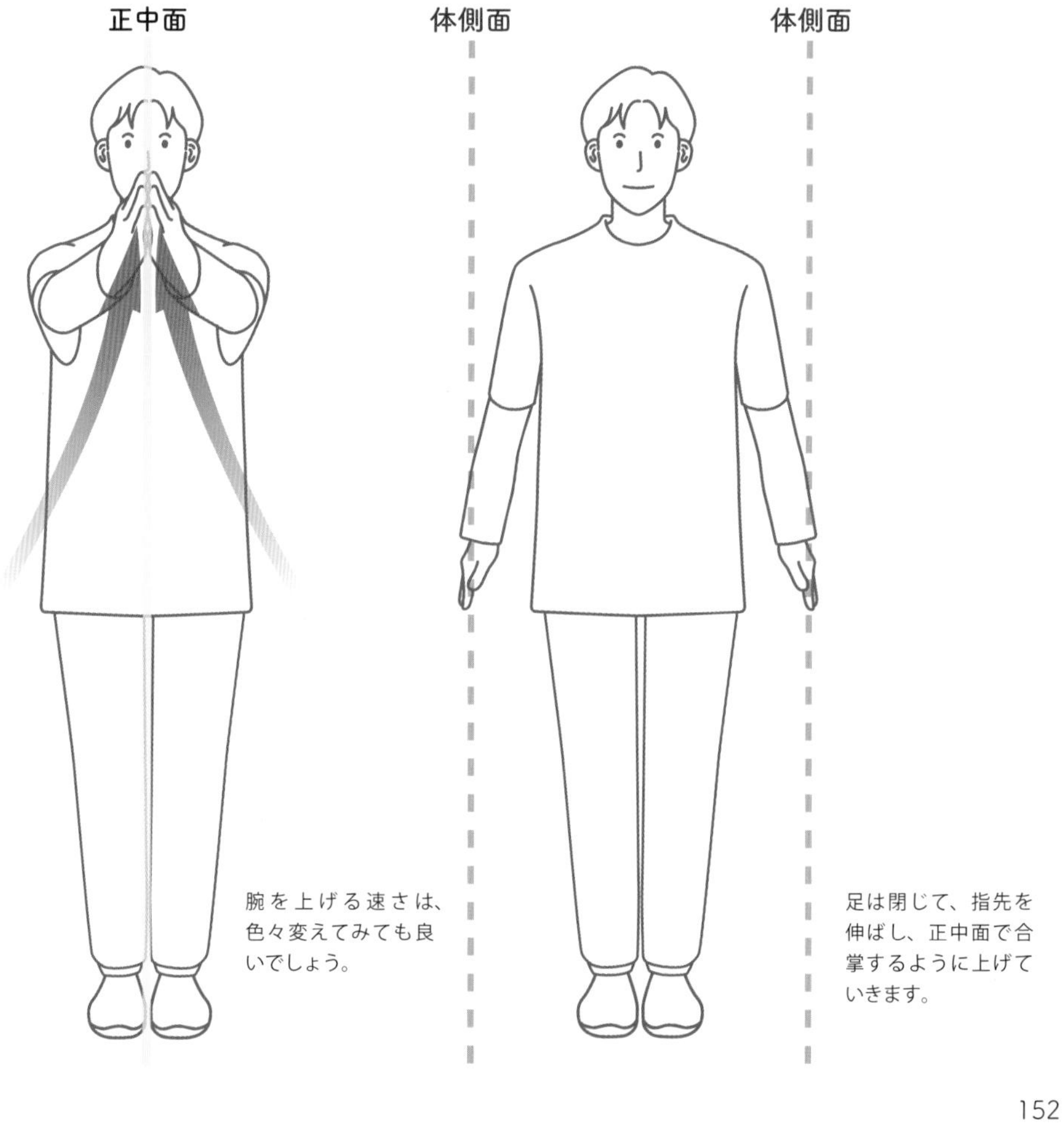

正中面
体側面
体側面
腕を上げる速さは、色々変えてみても良いでしょう。
足は閉じて、指先を伸ばし、正中面で合掌するように上げていきます。

真っ直ぐ立った姿勢から、

1

指先から腕を上げていきます。

2

おへその前くらいで、指先が正面に向きます。

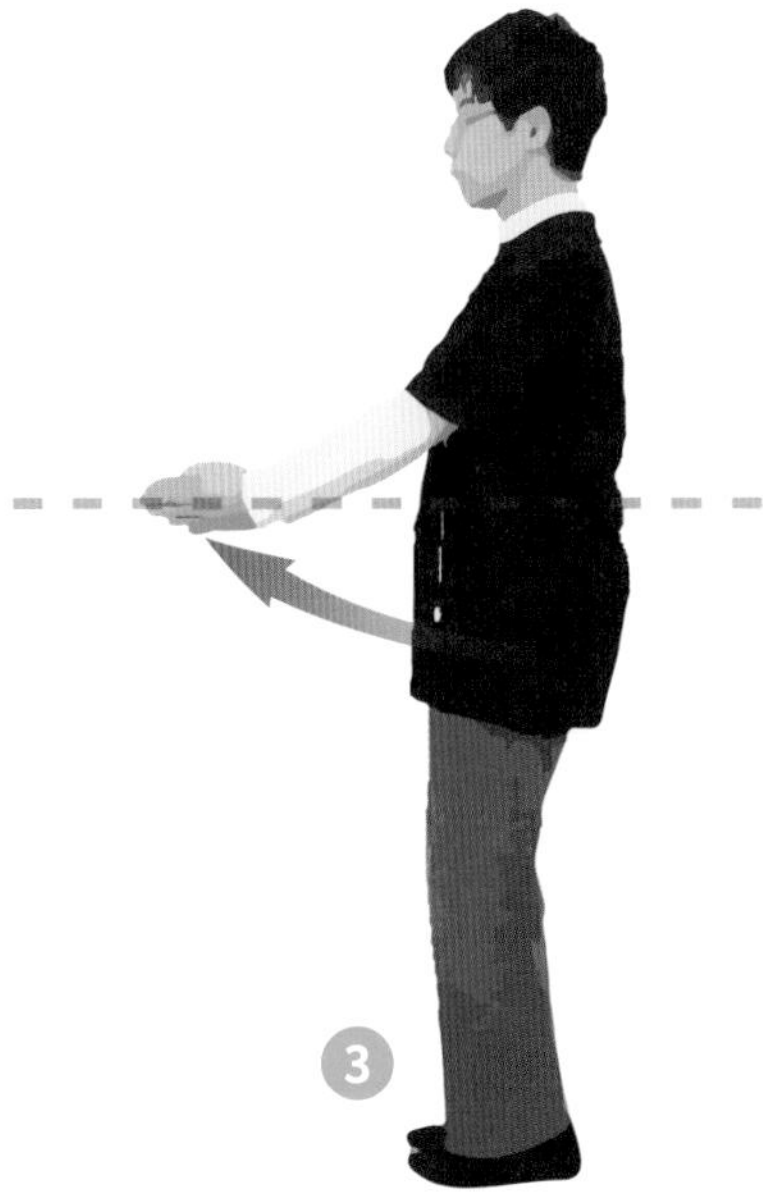

3

顔の前で合掌し、

4

腕の重さで振り下ろします。背中の後ろで、指先が床に垂直になるようにします。これを繰り返します。

5

おわりに代えて　「再現性」と「公理」

最後に私自身の稽古に対するスタンスについて改めて書いておきたいと思います。

本書でご紹介している揺腕はもちろん刀禅で行っている稽古方法や講座での指導の際に、私が一番大事にしていることは「再現性」です。

ここでいう「再現性」とは、どこで誰が行っても稽古の効果に再現性、つまり、同じことを行えば年齢や性差、体格、性格、そして才能に関係なく同じような特性・効果が顕れるということです。

おかげ様で運にも恵まれ、これまでに様々な武道、武術を経験し、多くの良師、同輩の助けを得てやってきました。それはなにものにも代えられない豊かな時間でした。そのなかで、共に学んできた仲間が、志半ばで去っていくのも見てきました。その理由は様々ですが、続けるうちに自分の才能に限界を感じたり、始めた時に持っていた純粋な上達への喜びや理想が失われてしまい道場から足が遠のいたり、道場内の人間関係や組織論のなかに埋もれてしまったりすることも少なくありませんでした。またどこかでそれを「仕方のないこと」だと容認している雰囲気もあり、それがとても残念でした。純粋な人の想いが、諦めにしなびてゆくのを見るのは、とても残酷で悲しいことです。

「どうしてそうしたことが起きるのだろうか？」

そう考えた時に改めて気がついたのが、本書のテーマである「基準性」がないことでした。これについてはここまで書いてきた通りですが、全てが始まる前提である土台がなければ、そもそも学びの階梯を歩めるわけがありません。それぞれの流儀にある形や剣の振り、一本の突き、投げでも、そこに顕れる結果は、それが生まれる土台の堅牢さや土壌の豊潤さによって異なります。

ですがほとんどの場合は土台ではなく、結果の良し悪しや見栄えに注目が集まります。自ずと稽古の内容も、結果から逆算した組み立てとなり、指導者の言葉も結果についてのものが多くなります。第一章で書いた建物の例でいえば、家を建てながら歪んだ土台を整えようとしているようなものです。センスがある人ならそれでも住める家を建てることができるのでしょうが、普通の人にとってはとても無理な仕事です。また教える側がセンスがある人の場合は、センスがない人の見ている光景がわからないという大きな問題があります。私がT先生との差に絶望したのはまさにこの点でした。

こうしたことから、「揺腕」を含み現在「刀禅」と呼ばれるものを作り上げる際に大事にしたのが、「再現性」だったわけです。誰が行っても、費やした時間だけ、繰り返した回数だけ必ず得るものがあり、土壌を豊かにする方法論。また学ぶ人を選ばないのはもちろんですが、それを指導する人も同じです。指導者の個性や実力にも関係なく、またそこに個人の解釈から生まれる誤解や曲解が生まれる余地がないもの。太陽が東から昇り西に沈むことは、世界中のどこに行っても、誰が教えようとも、誰に教わろうとも変わらないでしょう。あらゆる条件から自由で、個々人の能力に応じて伸ばせる再現性のある稽古方法。そのためには「飽きる」という感覚すら生まれないほどシンプルで、それでいて基準の精度を無限に突き詰められるものである必要があるのです。言い換えれば、私がいなくなっても、**普遍的な「公理」**として、**誰が行っても持続可能な稽古方法**であることを目指しているのが**「刀禅」**であり**「揺腕」**なのです。

そう考えるとセンスのない私だからこそ追究することができたのが、「刀禅」であり「揺腕」なのだと思います。

法を得たシンプルな動作の持続のなかにこそ成長し続けて止まない種は宿る。

すでに効能が定着しそれなりの普及もしている中国の腕振り体操である甩手《スワイショウ》と、と、逆に空洞化の一途をたどっているかのような日本剣術の素振《すぶ》り。いずれも最小単位ともいえる単純な動作です。しかしその深層を探ればそこには、両者に通底する貴重なる法（＝公理）があります。その法に随《したが》い繰り返していき身体が整序されるに従い、様々な変化が湧き出してきます。「個我」の壁を超える時に顕れるようなとても興味深い変化なのですが、それについては読者諸賢の身体をもって検証していただくほかはありません。お試しいただけるとすれば嬉しい限りです。

また揺腕法は工夫次第で時と場所を選ばずできる日常の法でもあります。技芸の底上げ、リハビリや高齢者の健康増進など様々な場面でご活用いただけることを願っております。

編集者として本書を仕上げてくださった下村敦夫さんは、稽古を共にする仲間でもあります。日々の稽古のなかに散乱するとりとめのない情報を整理し言語化してくださいました。細部にわたる丁寧な仕事に心から感謝いたします。

そして長期にわたり先の見えぬ手探りの実験に辛抱強く付き合

揺腕法 Website

揺腕法の講座情報などは
こちらをご参照ください。

ってくれた稽古仲間の皆さん。撮影にご参加くださった玉木之子さんと中込明さん。校閲してくださった坂元博文さん。また感想文をお寄せくださった皆さん、おかげ様で揺腕法が身体に息づく時のそれぞれの感触が伝わり、とてもわかりやすくなったと思います。皆々様に改めて深く感謝しお礼申し上げます。

それにしてもタイトルの「謎の老師」という冠。「プロレス紙」なみのキャッチコピーには、恥じ入るばかりでとても平静ではいられません（笑）。もはや「揺腕」ならぬ「揺心」でありますが、版元の強いおすすめ通りに本書の普及に少しでも寄与するようにと、揺れに揺れながら祈るばかりです。

本書の出版と流通に関わる総ての皆様、また手に取ってくださった読者、お一人おひとりに心から感謝いたします。ありがとうございました。

刀禅　小用茂夫

２０２４年　冬　丸好にて

著者プロフィール

小《こ》用《よう》茂《しげ》夫《お》

１９５０年埼玉県出身。刀禅創始者。新陰流、形意拳、大東流などの武道・武術を研鑽。独自の稽古会を重ねて、２０１０年からボディワーク刀禅として公開。女性を中心とした舞扇道を考案。現在、埼玉県蕨市を拠点として活動。稽古会は埼玉県、東京都、神奈川県、愛知県、大阪府、岡山県、広島県、福岡県に同好会がある。

刀禅　Website

刀禅の講座情報などはこちらをご参照ください。

コ2【kotsu】では、武術、武道、ボディワークをはじめ、カラダに関することを情報発信しています。企画・執筆のご相談も随時承っていますので是非ご覧ください。
Twitter アカウント：@HP_editor
フェイスブックページ：https://www.facebook.com/ko2.web/

“謎《なぞ》の老師《ろうし》”が教《おし》える 身体《からだ》の基準《きじゅん》の創《つく》り方《かた》

揺腕法《ようわんほう》

●定価はカバーに表示してあります

2024年2月15日　初版発行
2024年5月 1日　3刷発行

著　者　小用《こよう》 茂夫《しげお》
発行者　川内 長成
発行所　株式会社日貿出版社
東京都文京区本郷 5-2-2　〒 113-0033
電話　(03) 5805-3303（代表）
FAX　(03) 5805-3307
振替　00180-3-18495

写真　糸井康友
カバーデザイン　野瀬友子
モデル　玉木之子、中込 明
印刷　株式会社シナノ パブリッシング プレス

ISBN978-4-8170-6039-6　　http://www.nichibou.co.jp/